NHK「あさイチ」

スーパー主婦の㊀直伝スゴ技！

『あさイチ』ディレクター
伊豫部紀子
Iyobe Noriko

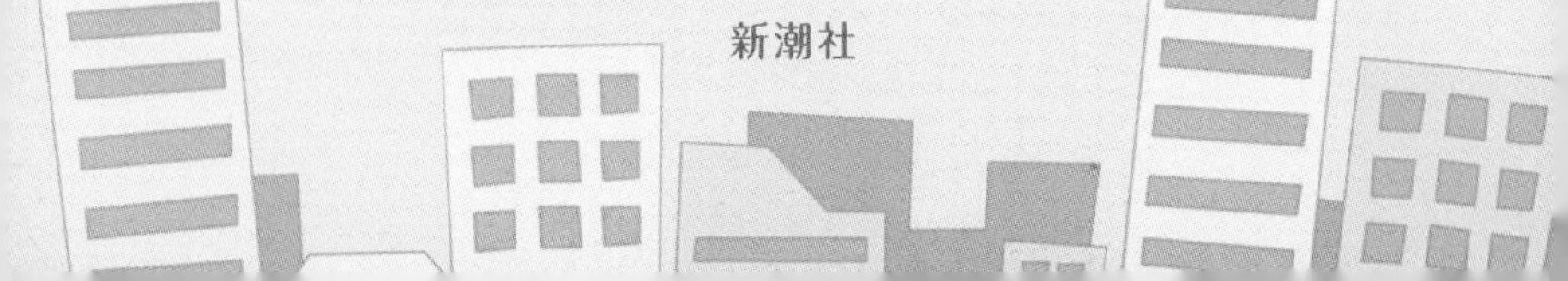

新潮社

はじめに

「絶対に元には戻りません」なんて言葉にモチベーションを喚起され、はりきって言われた通りに片付けたのに、気づくとまたぐちゃぐちゃに……。そして深い自己嫌悪に陥ってしまう。

家の片付けや整理においてそんな浮き沈みを性懲りもなく繰り返してきた私は、ＮＨＫの朝の情報番組「あさイチ」でご好評いただいた、「スーパー主婦シリーズ」を担当したディレクターです。

巷で数多く紹介されている暮らしのワザも、私にかかればたいてい「不合格」でした。「私は続けられなかったから」という理由で。要するにそれほど主婦能力が低いわけですが、でもだからこそ「スッキリ生活が日常となる、本物のノウハウ」を切望してきました。

そして、スーパー主婦に出会いました。

スーパー主婦とは何者か。まさか番組内でシリーズ化すると思わず、安易につけた呼称がいつの間にか定着してしまいました。どうも安っぽさが漂い、当のスーパー主婦たちもそう呼ばれるのを恥ずかしがっていましたが、私としては、プロフェッショナルな主婦という意味合いで、尊敬の念を込めて呼んでいます。

スーパー主婦が出演した放送は、幾度となく大きな反響をもたらしました。便利な使い方を紹介したグッズは、全国のスーパーやホームセンターで売り切れ続出で私たちも買えず、作っておくと便利と紹介したレシピには問い合わせ殺到――。

なぜかと考えるに、今までのワザとひと味違う新鮮さがあったからだと思います。そして何より、**そのワザの背後には哲学があり、それが「本物」だった**からだと私は思っています。

このたび、そのスーパー主婦の暮らしのワザをまとめてお伝えしたいと思った理由がそこなのです。

きっかけは、あさイチの放送開始から遡ること一年、「無駄学」というユニークな研究をしている東京大学大学院教授の西成活裕さんの取材でした。

日本の高度成長を支えたトヨタの、無駄を排除する画期的な生産システムは、副社長の妻が購読していたある雑誌の記事からヒントを得たらしいと西成さんがおっしゃるので、その記事を探してみることにしたのです。

国会図書館に行って、明治時代からあるという『婦人之友』という雑誌の、高度経済成長のころの記事からそれらしいものを幾つかコピーして、西成さんにお渡ししました。

後日、西成さんから届いたメールを見ると、妙に興奮していらっしゃる。

「これはすごい！　これこそトヨタの心臓部分の哲学です。これは大発見ですよ」

それは、「掃除の予定を立てる」という記事でした。内容は、例えば、物置は年に一度掃除すればいい、換気扇は月に一回、排気口は週に一回、浴槽洗いが毎日と、必要な頻度ごとにリストアップして、それを年間の掃除表に割り振るというもの。

西成さんはこの発想こそが、無駄をなくす神髄だというのです。

そこに書かれていたことは、『婦人之友』を創刊した羽仁《はに》もと子さん（明治六年生まれで日本の女性記者の草分け）の考えを踏襲したもので、さらには「友の会」という、その雑誌の読者で構成している主婦たちが、何十年もかけて実践して積み上げてきた知恵でした。

その友の会、現在も二万人の会員がいて、各地で家事や暮らしの技術の研鑽を重ねているといいます。

「先生、友の会というのは、無駄学にとって侮れない人たちだと思いますよ」

先生も興奮していましたが、私もなんだか興味がわいてきました。今まで知らなかった世界でした。

私にとって、「家事」なんて同じことの繰り返しで生産性はなく、やらなくても死にはしない、お金があればお手伝いさんを雇うのに、という程度のことで、まじめに取り組むものではなかったのです。その家事を、こんなにも真剣に、自分たちの生活をかけて研究して極めている人たちがいることが驚きでした。


それから私は何かにつけ、暮らしのワザを「友の会」に問い合わせるようになっていました。「冷凍庫を上手に使っている人いませんか」とお願いしたら、紹介されたのが「相模友の会」の井田典子さん。後にあさイチでスーパー主婦として何度もご登場いただいた、当時四九歳三児の母の美人主婦です。

井田さんは、清潔で暖かみのあるインテリアと生活用品の中で丁寧に暮らしています。いつ訪ねても「ちょっと待って、片付けるから」なんて言われたことは一度もなく、どこもスッキリしているし、家じゅうどこでも見せてくれます。

「本物だ」と感じました。そして彼女のワザにはどれも、主婦の生活に即したリアリティがあるのです。

例えば井田さん、きちんと干し椎茸を戻して使います。ただ、使うたびにいちいち水で戻す手間を省くため、買ったら袋ごとすべて戻して、醤油と砂糖でぐつぐつ煮て、冷凍保存してしまうんです。「砂糖を使った物は、冷凍しても固くならないんですよ。だから解凍しなくてもそのまま包丁で切れます」。サクサクサク……本当だ、こうすればいつでもパッと使える！「すごい、井田さんすごい」を連発する私に、「そんなことないですよ〜、私なんかより全然すごい人がいますよ。是非その方のお家に行ってみてください」と紹介してくれたのが、同じ相模友の会の山崎《やまさき》美津江さん。

ええ、確かにすごかったです。だって家を丸ごと隅々まで公開するオープンハウスを、売り出す訳でもないのに毎週行っているのです。工夫たっぷりの収納法を、招かれた人は見放題、実例で勉強できるというわけです。

番組のキャスターの黒崎めぐみアナウンサーと、デスクの石井香織さんと訪問した帰り、その練りに練られた収納術に、全員放心状態でした。そして「これは世に伝えるべきだ！」と意気投合し、山崎さんのお宅からの生中継を決行してしまいました。

ほどなくして「あさイチ」が始まり、この企画は「スーパー主婦シリーズ」として続けることになりました。そして、八〇年間、延べ二〇万人以上の主婦たちに培われた、知恵と実践によって支えられた生活術を取材していくうちに、ダメ主婦を自負していた私もついに陥落。少しマシな主婦になったのです。

最大の収穫は、ワザそのものよりも、**家の中のことをちゃんと把握できているということが、こんなにも心地よいものだと、初めて実感できた**ことでした。

世の中の多くの方々は最初から私よりマシなはずなので、スーパー主婦のワザを知ることでずっと心地よい、美しい人生を送れると思います。

この本では、私の脳内で起こったスーパー主婦のスッキリ革命の感動、と極意をお届けします。今のところ反革命は起こっていません。

NHK「あさイチ」
スーパー主婦の直伝スゴ技！

＊目次

はじめに　1

第一章　もとに戻りたくない片付け術　15

挫折しないための、たった一つの心がけ
頻度別収納の極意
侮れない！　牛乳パックの仕切り
つっぱり棒は意外に使える
つっぱり棒をしっかり固定するワザ
ゴールデンゾーンとラベリング
目的別収納を考える
不便に慣れていませんか

第二章　代謝のいい家にする「捨て方」　47

魅力的な出口にする

「あとは出すだけコーナー」を作る
適量の見つけ方
少し足りないくらいが気持ちいい
数えるだけダイエット
ＮＨＫで流行った洋服のたたみ方
紙類は空中分解
なりたい自分と今の自分
思い出を、捨てる勇気と捨てない決断
第三章　人生が心地よくなる時間管理術　89
忘れる技術
時間にも仕切りを。その方が自由
五分は意外と長い
金の時間
一石二鳥の落とし穴
「それをいつやるか」で全然違う

イライラ時間をなくすワザ
何が「ムダ」な時間か？
第四章　いつでも人を呼べるゴキゲンな掃除　121
キレイをキープできる秘密
掃除道具はなるべくシンプルに
あの汚れの正体
驚異の黒点落とし
恐るべし重曹石けんペースト
洗面所いつもピカピカ作戦
あさイチモップの衝撃
大掃除をしなくてすむには
家の整理は心の整理
第五章　シンプルに、毎日料理の極意　149
食事の支度をハッピーに

わが家の「味の型紙」をつくろう!
マンネリ脱却の秘密兵器
お役立ちベース菜
飽きない常備菜
ムダ買いしない、買い物の極意
もう一つ、コンロが増える

第六章　危機に立ち向かう力　173
そのスッキリは、何のため?
暮らしから、立て直す

おわりに　184
参考文献　189

イラスト　畠山モグ
写真提供　ＮＨＫあさイチ
装幀　新潮社装幀室

ＮＨＫ「あさイチ」
スーパー主婦の直伝スゴ技！

「収納を見れば、
その家の主婦の性格がわかります」

第一章
もとに戻りたくない片付け術

収納のスーパー主婦・山﨑美津江さんが“魔窟”に挑む

挫折しないための、たった一つの心がけ

あさイチのスーパー主婦シリーズでは、その時々のテーマに合った「お困り主婦」にご登場いただき、それを「スーパー主婦」が様々なワザでもって解決していく、というスタイルでお送りしてきました。

お困り主婦は、アンケートに答えてくれた方の中から、かなりレベルの低い私自身を基準に共感できる人を探して、これぞ！　という方にお願いしてきたつもりです。それなのにスーパー主婦のレッスンが終わると、どの方もいきなり私よりはるか上に行ってしまって、しかもそのまま降りてきません。

中でも特に印象的だったのは、〝魔窟《まくつ》〟というテーマで臨んだ回のお困り主婦、Tさんです。

彼女の家の納戸はカオスでした。お子さんがそこで登山遊びをするほど高く堆積した、狐のお面や三線やキャンプ道具、雑誌にワイシャツという脈絡の無いモノたち。浮き輪はこの中のどこかにある、とわかってはいるものの、地層から掘り出すのはとても無理。新しく買うしか

なく、子どもの年の数だけ浮き輪があります状態でした。

そこを〝魔窟〟なんて命名して、ロケの舞台にしようと決めた私でさえ、これは解決するのは無理かもしれないと内心とっても不安でした。

ところが、スーパー主婦は見事でした。なぜこうしなくちゃいけないかを説きながらテキパキと動き回り、魔窟は消滅、そこには本来の空間が現れたのです。

三ヶ月後にTさんに連絡すると、リバウンドしていないとのこと。「本当ですか」と半信半疑で押しかけたら本当で、「もう戻らない自信があります。だって散らかりようがないんですよ」なんてさっぱりした笑顔で仰る。その変わりようにびっくりでした。

どうしてリバウンドしなかったんでしょう。

解決した収納の達人、山﨑美津江さんが何をしたかというと、

①モノを全部外に出しました。
②使わないものを処分しました。
③収納場所に、本棚やラック、板やつっぱり棒などを駆使して、ともかく段々をいっぱい作りました。
④よく使うものから取り出しやすい場所に入れていきました。

⑤その際、アウトドア用、インドア用、赤ちゃん用、工具などと、ものを目的別にまとめました。同じような形のものはまとめました。軽いものは上に、重いものは下にしました。
⑥〝魔窟〟が、機能的な空間になりました。

ということです。この手順は、一度家の整理収納をリセットするためには、必ずやらねばならないことです。

スーパー主婦たちは、いつもこの手順にのっとっていましたし、多くの整理収納アドバイザーも、基本的にこうすると思います。

ただ、ここが大事なのですが、**「散らからない」ようにするためには、作業を通して、自分が何をしているのかを自覚していなければなりません。**大事なのはそこでした。

山﨑さん、何をしているんですか。

「置き場所を決める。それだけよ」

置き場所を決める？　そりゃそうでしょうけど。

「でね、使ったら元に戻せばいいのよ」

うーん、あまりにあたりまえのことに思えます。

でも、そうなんです。スーパー主婦の番組では、整理収納に関する様々なノウハウをご紹介して好評をいただきましたが、実はそれらはすべて**「置き場所を決める」**、そして**「使ったら元に戻す」**、これを実現させるための知恵とワザでした。

スッキリを継続させるために必要なのは、この「置き場所を決める」ということの意味を心から理解することだったのです。

逆に言えば、ワザや道具だけ取り入れても、この二つのことが本当に腑に落ちていなければ、また元に戻ってしまうのです。

「置き場所を決める」ことを、あたりまえのこととスルーせずに、ちょっと考えてみます。

山崎さんは言います。

「誰だって住所が必要でしょ、住所不定じゃダメでしょ、それと同じ。モノだって安心して帰ってこられる場所があってはじめて、思い切り働けるのよ」

さらに、それを徹底するための合い言葉が友の会にはあります。

「小さなモノこそ指定席」です。なぜか。

もし、しまう場所がないアイロン台がリビングにころがっていたら「ちょっと問題ね」と思うでしょう。でも、お菓子の袋を留めるクリップや、多めに買った電池、みんなが使う爪切りなんてものは、小さいというだけでどうでもいいもののように思ってしまい、いい加減に放置されがちだからです。

でも、たとえどんなに小さなモノでも、指定席、置き場所が決まっていないと、使った後にそれをどこに置こうか迷うストレス、あるいは、いざ使いたいという時に探さねばならないストレスが生じます。このストレスは、日々の暮らしにケチをつけていくのです。

私が山崎さんのキッチン収納を見せていただいた時、最初に「?」と思ったのが、シンク脇の引き出しに、小さなプラスドライバーが入っていることでした。

理由を聞くと、料理鍋の取っ手のねじが時々ゆるむので、それをキュキュッとその場で締め気持ちよく使えるように、なんだそうです。で、そのドライバーには、引き出しの中でぴったり収まる三センチ四方くらいに仕切られた個室が割り当てられていました。

色々な意味で衝撃でした。まず、ドライバーがキッチンにあるということ。そして、そんな小っちゃなものでもちんまりと仕切っていること。いや、そもそも鍋の取っ手が緩んだらドライバーでちゃんと締めるということからしてびっくりでしたけど。

私だったら、取っ手が緩んでもガクガクさせながら使い続けるでしょうし、なんとかドライバーをキッチンの引き出しに入れておくことまでは思いついても、ぽんと放り込んでおくでしょう。で、使う時はそのことを忘れて工具置き場へ行っちゃったりして、無いなー、あっそうだ、キッチンの引き出しだ、と戻って引き出しをかき回してやっと見つけるのが関の山です。

最初は、こんな小さなものまでみんな仕切るなんて私には無理！　と引きました。

でも、山﨑さんと私の人生、たかが鍋を使うだけで大違いです。すべてのモノの置き場所が決まっていて、鍋のねじが緩んだら三秒で直して気持ちよく使える山﨑さんは、ストレスがなく、愛情を込めて料理ができそうです。

片や私はというと、いろいろな場面でしょっちゅう小さなストレスを感じています。これが積み重なると、日々の暮らしの心地よさにも大差がついてしまうでしょう。

わりと気分に左右されやすく、何かにケチが付くとたんにやる気がなくなってしまう私には、この重要性がよくわかりました。

そこで一念発起、キッチンの引き出しをきちんと仕切って、中のモノの指定席を割り振ってみました。確かに出し入れがスムーズになりました。そして、ちょっとしたストレスが無くなると、頭がスッキリして、気持ちが軽くなることに驚きました。

以来私は、何かにつけて「置き場所、置き場所……住所が決まっていないものは無いかしら」とつぶやきながら暮らしています。意識するだけでも違います。散らかる時はたいてい、置き場所が決まってないモノが発端になっているんです。ありがちなのは、読みかけの雑誌、食べかけのあられ、耳かき、などですかね。

頻度別収納の極意

では、置き場所はどう決めればいいのでしょうか。スーパー主婦の山﨑さんによると、置き場所を決めるには、三つのコツがあります。それは、**種類別、目的別、そして頻度別**です。中でも山﨑さんが一番こだわるのが、「頻度別」。置き場所を決めるとき、山﨑さんが口を酸っぱくして説くのが、「使用頻度を考えなさい」ということ。

要は、**よく使うモノは、取り出しやすくしまいやすい場所に置く**。これです。

まあそうでしょうね、とみなさん思うでしょう。でも、この言葉の裏には見落としがちな落とし穴がかくれているのです。それは、これです。

その場所には、よく使わないモノは置いてはいけない。

そう、問題なのは、あまり使わないモノが便利な場所に幅をきかせていることなのです。山﨑さんは、使っていないモノが視界に入るだけで敵視します。一例を挙げましょう。

〝魔窟〟持ちのお困り主婦Tさんの家は、納戸と押し入れの扉を閉めてしまえば、ウソのようにセンスのいいお宅になります。だから、今まで来客があった時もやり過ごして来られました。しかし、スーパー主婦山﨑さんを欺くことはできませんでした。

山﨑さんはナチュラルテイストの素敵なリビングを一言褒めた後、キッチンの引き出しを開けたのです。そこには、おたまやフライ返し、スプーンやピーラーなどの調理器具が一緒くたに詰まっていました。

「キッチンの収納を見れば、だいたいその家の主婦の性格はわかるわね。あなたは太っ腹タイプ。だって太っ腹じゃないとできないわよ。こ～んな引き出しぐちゃぐちゃの中からおたまとか計量スプーンとか、使うたびにがちゃがちゃ探すんでしょ」と、言いたい放題です。

そう言われてケラケラ笑っていた彼女、確かに太っ腹です。

山﨑さんは、引き出しの中からモノを取り出しては問い詰めます。

「このへらはよく使う？」「使います」

「じゃあこのフライ返しは？」「あまり使ってない」

「使うのとそうでないのが一緒になってる。こっちの調味料の引き出しも、粉類やお砂糖みたいな毎日使うものと、たまにしか使わないものを一緒にしてる。この赤ワインビネガーは？クローブは？」「ほとんど使ってない……」「でしょ？　あらこのナツメグ、中で固まっちゃってるじゃない。使用頻度が違うものを一緒にしちゃだめよ」

なぜいけないのか。

あまり使わないものが便利な場所にあると、よく使うものを出そうとするたびに、どれを出すんだっけ、それにはこれをどかさなきゃ、という余計なことに脳を使わせることになるからです。これは気持ちの負担に繋がります。無意識レベルであっても、積もり積もれば頭がスッキリしないまま家事をすることになり、ひいては片付ける気力をも削いでしまうのです。

使わないもののために割くエネルギーは、チリほどでもあってはいけません。いくら太っ腹でも、そのエネルギーをほかのことに回せたほうがいいに決まっています。

実際Tさんは、よく使うものだけを取り出しやすく引き出しに整理したことで、嘘のように使いやすくなったと喜んでいました。その勢いで納戸や押し入れの魔窟退治にとりかかることができたのです。

〈お困り主婦のキッチンの引き出し〉

使用頻度が違うものが一緒くたの“ビフォア”

よく使うものが取り出しやすい“アフター”

リバウンドしないための頻度別整理収納は、**今使うものだけを、取り出しやすくしまいやすい場所に入れていく**ことです。

さあ、使用頻度の高いモノから順番に特等席に置いていきましょう。やがてあまり使わないモノの番がやってきます。はいここです。

この**「あまり使わないモノ」はすべて、整理収納しない**ことにします。何も考えずに見ないふりして、どこかに一緒くたに押しやっておくことにしましょう。不要なのかどうかを見極めて処分するのは、いつか気持ちに余裕があるときでいいのです。その際、よく使うものの邪魔にならないような場所に置くのがポイントです。

このやり方がいいのは、ともかく、よく使うものだけで暮らす心地よさがすぐに味わえる、という所にあります。

この「頻度別」を考えた置き場所について、私が特に感心していち早く取り入れたのが、友の会でいう**「大もとと小出し」**という考え方でした。

調味料を使いやすいように小さめの容器に入れて使っている、という方は多いと思います。うちも砂糖や塩、メープルシロップなど、よく使うものは袋や大瓶から小分けにして使っています。それを「小出し」というのですが、その残り、ストックになる袋入りの砂糖や塩、大瓶のシロップなどは「大もと」と言って、小出しとはまったく別の所に置いておくほうがいいのです。

私は砂糖の小出しの奥に残りの袋入りのストックを置いていました。だって、近くに置いておかないと、まだあることを忘れそうだったから。以前、適当なところに置いたら継ぎ足したい時に見つからずに、新しいのをどんどん買ってしまった経験からそうしていました。

でも、小出しだけを取り出しやすい棚に残して、後は塩も砂糖もみんな別の「大もと置き場」にまとめて追いやったら、これがホントに使っていて気持ちいい。使うものの周りに、使わないもの＝余計なものがないということを、これほど脳が喜ぶとは思いませんでした。

大もと置き場という指定席があるので、残りはそこで確認すればよく、ダブり買いもなくなりました。

で、この大もと置き場は、よく使うものの邪魔をしないことが大事なので、本当に使いにく～い場所でいいんです。山崎さんなんか、玄関脇にまで追いやっているくらいです。

小出しが切れて、追加する時に移動することは、なぜかそう苦にはなりません。そう頻繁にあるわけではないので新鮮に感じるのか、むしろ気分転換になるぐらいです。

まあこんな風に、使用頻度で置き場所を分けることは、おすすめです。見慣れた収納風景を、使用頻度で見直してみるといいかもしれません。

侮れない！　牛乳パックの仕切り

置き場所は、いかに取り出しやすく、しまいやすくするかが勝負です。そこで大きな力を発揮するのが、「仕切ること」です。そう、**指定席は、仕切ることによって生まれる**のです。

スーパー主婦のお宅に取材に行く時、私はおいしそうなお菓子を見繕って買って行くことが多かったのですが、ある時、スッキリ名人の井田典子さんにえらく感謝されました。

「イヨベさんホントにありがとう～。あのお菓子のケースが、洗面戸棚の奥行きと高さにぴったりだったのよ、しかも透明でしょう？　もうこれ以上ないってくらい、いいナントカ置き場になったのよ～！」

予想外の反応に面食らってしまって、ナントカが何かは忘れました。お菓子を差し上げて、入れ物にものすごく喜ばれたことは初めてです。

そう、スーパー主婦たちは、常に、空き箱をどこかの仕切りに使えないかと考えています。仕切るということは、指定席を厳密にするということ。自由な空間だと、その都度自分でどこにしまうか考えなくちゃいけませんが、仕切ってあれば、しまうべき場所がぽっかり口を開けて待っていてくれます。

取り出しやすいことはもちろんですが、スッキリをキープするのに必須な「使ったら元に戻す」が苦もなくできる。だからともかく、仕切るべし、なんです。

そして、お金がかからず、いつでも自由に変更可能、しかも使いやすいという、夢のような仕切りにうってつけなツールが、牛乳パックでした。

昔から見栄っぱりで、「所帯じみてる」「貧乏くさい」「節約」といったイメージを避けたい私としては、スーパー主婦から収納の便利アイテムとして「牛乳パック」を挙げられた時は正直、「私はやらないな」と思っていました。

でも番組で紹介しようというのに、ディレクターがいいと思っていないのは視聴者への裏切

〈斜め切り〉

注ぎ口を切り落とし、
縦一辺と底を斜めに切る

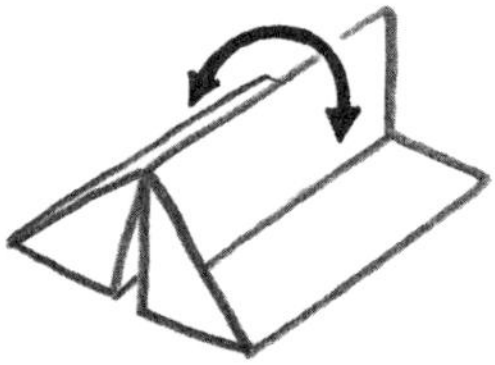

裏返せばできあがり

底にはテープを貼ってとめましょう

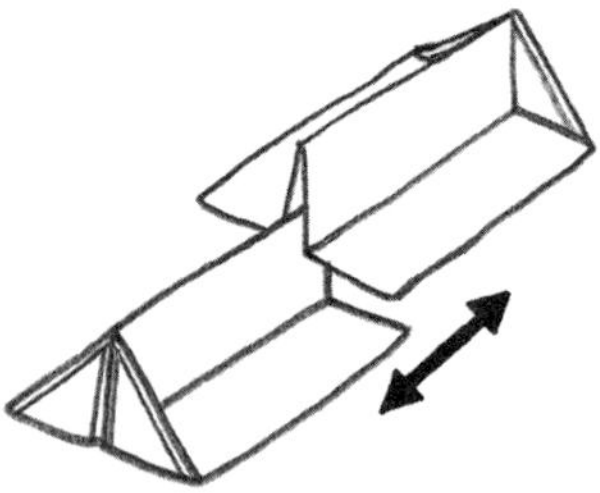

つなげれば長くなります

〈一面取り〉

注ぎ口を切り落とし、一面を切り取る

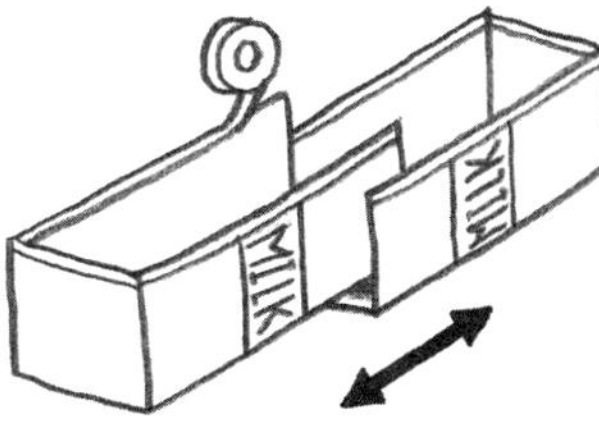

2つを組み合わせて
長さ調整可能の深い仕切りに

〈縦割り〉

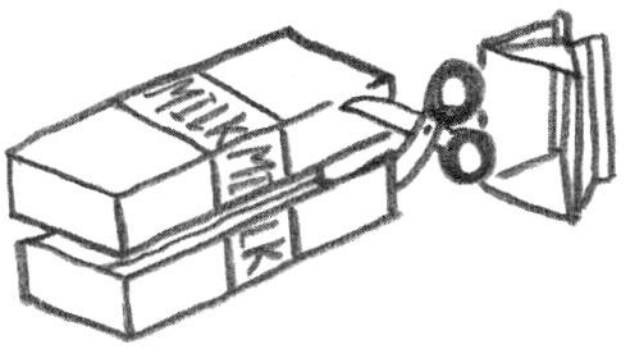

注ぎ口を切り落とし、縦に2つに割る

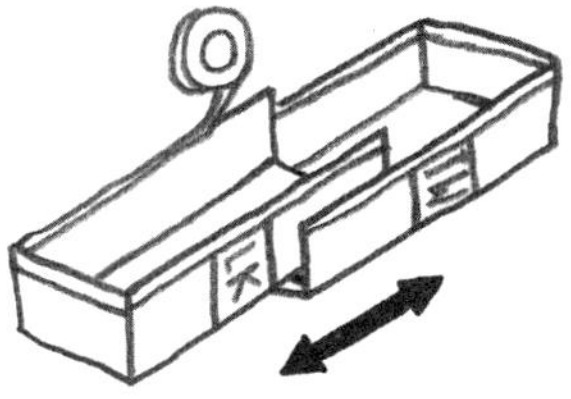

その2つを組み合わせて
長さ調整可能の浅い仕切りに

りです。そこで、だまされたと思ってやってみました。

山崎さんが、「まずはキッチンから。中でもシンク下と引き出しからやるといいわよ」というので、キッチンの引き出しが舞台です。

まず、よく使うキッチンバサミを手前に立てられるように、専用の仕切りをひとつ作りました。菜箸やおたまなど、持ち手の長いものは、持ち手を手前にすれば奥の方に入れても取り出しやすいと教わり、専用に縦長の仕切りを作りました。あと、夫はしょうがをよく下ろすので、小さなしょうがおろしを手前に置くようにして一人部屋にしました。

著者の台所引き出し。牛乳パックで仕切りを作った

こうしてよく使うモノだけを選んで、ぴったりのサイズに仕切った結果——本当に使いやすくなりました。使って洗った後、そこに戻すのも苦にならないので、出しっぱなしがなくなったことも思わぬ収穫でした。牛乳パックの仕切りの威力に脱帽です。

仕切りは外から見えない。だからそこは割り切ろう、と牛乳パックを使用し始めた私ですが、あれから三年、今やお気に入りです。

もちろん、仕切ることは牛乳パックでなくても出来ます。空き箱でもなんでもいいんです。もっと高級感のある仕切りでもいいですよね。例えば、デザイン性のあるブランドのカトラリー入れを買うとか、ステンレスの網や籐カゴの仕切りでもいいかもしれません。極端なことをいえば、キッチンをリフォームして、仕切りのある引き出しを特注してもいいんじゃないか。でも、それではダメなところが一つあります。

レディメイドの仕切りは、大きさを変えられません。入れるモノが限定され、使いやすさが後回しになります。

人の暮らしは結構変わっていくものです。キッチンバサミで、今よりももっとお気に入りの使いやすいものが現れ、それが元のものより大きかった場合、牛乳パックなら仕切り直して使いやすい配置に変えられます。

山﨑さんと井田さんが、お困り主婦の収納改善に乗り込んで、高級なシステムキッチンの引き出しに組み込まれていたプラスチックの仕切りをベリベリ剝がしてしまって、代わりに牛乳パックをセットし始めた時は内心焦りました。

でも、剝がされた仕切りを見ると、一枚のプラスチックを成型しているので形は美しいのですが、仕切りそのものの幅が一センチ近くあります。これは収納量を著しく下げます。

また、容積に余裕を持って作られているので、カトラリーを入れても長さに余裕があります。そこについ細々としたものを押し込みたくなるのは人の常、そうすると仕切りそのものの意味をなさなくなり、それがグチャグチャの原因になっていく。

ロケの後、「はがしちゃった仕切りはとっておいて、後でイヤだったら元に戻していいですからね、とりあえずはこれでやってみてください」と言い残して撤収してしまった私ですが、そのお困り主婦は牛乳パックの使いやすさに、二度ともとの仕切りを使うことはなくなったそうです。

牛乳パックのいいところはまだあります。白いので目にうるさくないし、撥水加工がしてあるので、さっと拭くだけで汚れが落ちるし、水でも洗えて手入れがしやすいところです。私はあまり洗っていませんが。

実は私、牛乳パック以前に、そもそも「ガチガチに仕切るなんて堅苦しい、引き出しなんか気楽に放り込んでおける方が楽でいいの。よく使うモノは自然に手前にかたまるわよ」と思っていました。

「取り出しやすく」は後回しで、しまう時の気楽さを優先していたわけです。でも、やってみたら今の方が気楽です。というか、モノの出し入れに余計なエネルギーを使わずにすむのがとても快適でした。

その時の担当だった美人編集マンに至っては、牛乳パックの引き出し仕切りを三年間愛用しているだけでなく、段ボール箱も同じように切って大きな仕切りにするなど、応用力全開であらゆる場所を仕切りまくり、家に収納革命を起こしたと言います。

ちなみに友の会の皆さんは、牛乳やジュースを飲み終えたら、洗ってパックのふた部分を開き、逆さまにして干しておきます。乾いたらサンマの開きのごとく一枚に開き、それを重ねて「牛乳パック置き場」に納めておきます。そして「あ、ここは仕切った方が使いやすいな」と思ったら、出してきて切って重ねて仕切る。こうして、いつでも暮らしに合わせて収納の微調整ができる環境を整えているのです。

つっぱり棒は意外に使える

今や百円ショップでも買えるつっぱり棒。何軒ものお宅で、カフェカーテンをキッチンの窓辺に取り付けるために使っているのを目にしました。でもそれだけじゃもったいない。**つっぱり棒って、かなりの可能性を秘めているもの**なんです。

牛乳パックと同じく、仕切り道具としてすごく便利。ここを仕切ったら取り出しやすくなるのに、という所にどんどん使っちゃいましょう。

①**縦仕切りのワザ。**押し入れで、普段出し入れする布団とそうでない季節外や客用の布団を仕切ります。空間を有効に使える上に、柔らかい布団が倒れ込まない、取り出す時に別の布団がずるずるとついてこないのがいいところ。

②**平行棚のワザ。**戸棚などにすかすかの空間があったら、二本～三本を平行に渡せば簡易棚のできあがり。比較的軽いモノの置き場所に。例えばランチョンマットなど五センチくらいの隙間ですむものの置き場にすると、空間を有効に使えます。

③**段違い平行棒のワザ。**二本のつっぱり棒を、高さを変えて渡します。山﨑さんは調味料のストックを同じインスタントコーヒーの瓶に入れていますが、その瓶の置き場にしていま

「段違い平行棒」に調味料を並べる

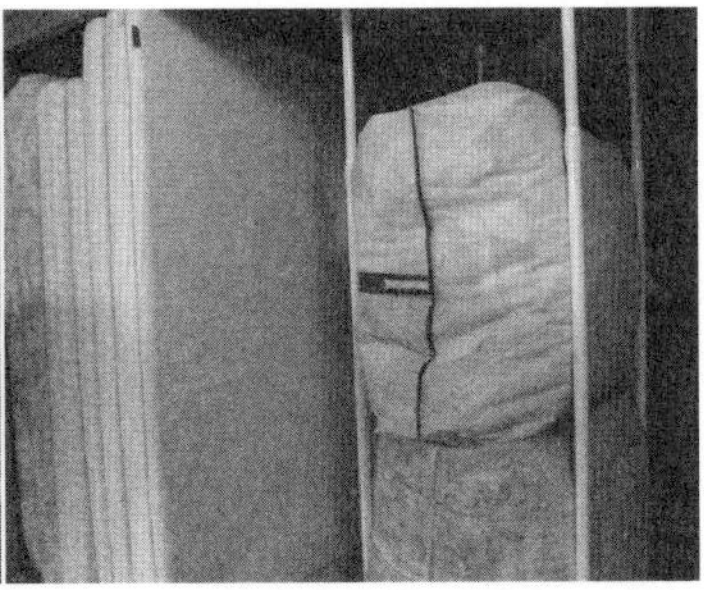

「縦仕切り」は布団などに最適

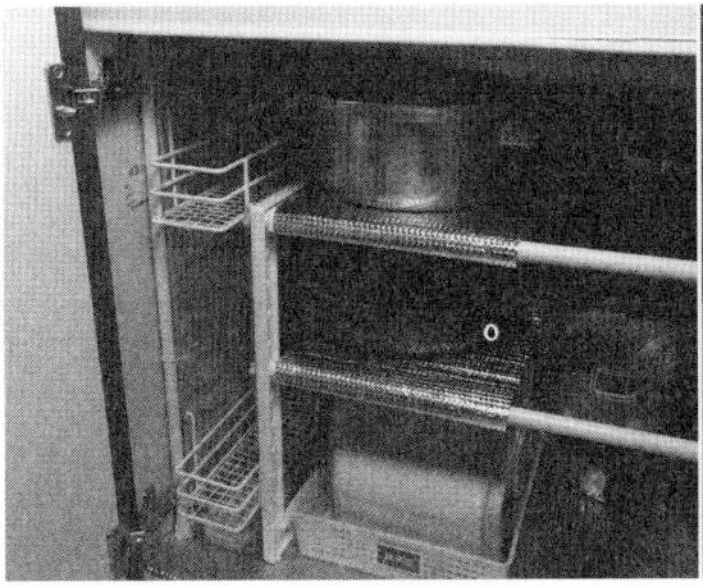

つっぱり棒にワイヤーネットを付け、ラックをかける

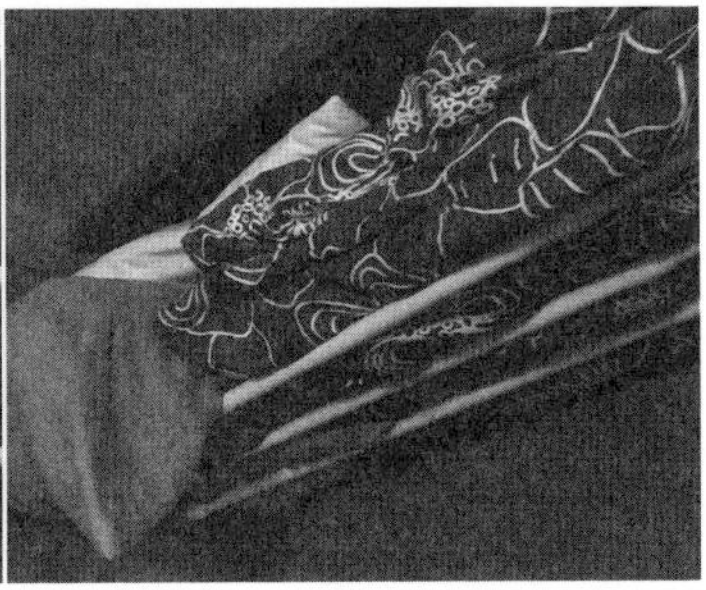

「平行棚」には比較的軽いものを

した。底と側面でささえるため、斜めに見やすく陳列されて落ちずに固定されるのがいいところ。靴入れに渡して靴を斜めに並べたりするのにもお勧めです。

④つっぱり棒ｉｎボックス。収納ボックスや引き出しに、立てて収納するモノの仕切りとしても使えます。キッチンの深い引き出しに、鍋のふたを立てて収納する時や、衣装ケースにセーターを立てて並べる時の列が混じらないようにするとか。二本使うとより使いやすい。

⑤つっぱり棒ｗｉｔｈワイヤーネット。ワイヤーネットと組み合わせることで、フックや棚を取り付けられない所も便利になります。縦に渡した二本のつっぱり棒の間にネットを渡し、結束バンドで留めるだけ。例えばクローゼットとして服を掛けている押し入れの奥に設置すれば、ワイヤーネットにカゴや棚やフックを取り付けて、季節外の服やカバンなどを収納することが出来ます。

とまあ、色々使えるのですが、過信はいけません。重すぎるモノを乗せたり、ぎゅうぎゅうと無理矢理ものを突っ込んで仕切ろうとするのはやめましょう。

ですが、うまく使えば本当に出し入れが快適になります。特に立てて収納されているものが、お互いよりかかってしまい取り出しにくくならないように仕切るのにお勧めです。例えば、傘立ての内側に高さを変えて十字に張るだけで、傘の出し入れがとてもスムーズになります。

私はつっぱり棒とは何かを掛けるためのものだと思っていたので、仕切るために使うという発想に驚きました。

つっぱり棒をしっかり固定するワザ

ところでそのつっぱり棒ですが、すぐに落ちてしまう、しっかり付かない、どうも水平に取り付けられない、と思っていませんか？　私は思っていました。それもあって、あまり活用していなかったのです。ところが！

しっかり、丈夫につっぱり棒を設置できるワザがあったのです。これはスーパー主婦に教えてもらったわけではなく、お困り主婦宅でロケをしているときに運よく知ることができました。スーパー主婦の山﨑さんは、つっぱり棒を、設置したい場所の幅よりも少し短く調整し、その場所に差し込んでから長さを伸ばしていって突っ張らせました。私もそうしていました。でも、伸ばしているうちに棒自体もくるりと回ってしまったりしてなかなか決まりません。

ふいに「こうやればいいんですよ」と教えてくれたのは、照明担当のスタッフでした。彼らは照明器具を固定するのに、つっぱり棒のようなものをよく使っているのです。

彼はまず、つっぱり棒を渡す左右の壁の間とぴったり同じ長さに調節しました。そして壁からいったん外し、**そこからさらに二センチほど長くした**のです。そして棒の片側を壁に押し当て、ぐいっとバネの力で棒を押し込んだのです。すると、つっぱり棒はしっかりと両側の壁に固定されました。叩いても落ちません。おお！

ぐいっと押して離す。ぐいっと押して離す。嬉しくて何度もやってしまうほど、つっぱり棒がピンと固定されるのは快感です。

私はこのワザにいたく感動して、あさイチのスタジオでも実演してもらいました。内藤裕子アナに「ほら、たたくと落ちちゃいますよね？　実は素晴らしいやり方があるんです！」と、もったいつけてぶち上げてもらいました。

出演者の女性陣、特に山口もえさんは感動してくれましたが、いのっち（井ノ原快彦さん）

〈つっぱり棒の設置ワザ〉

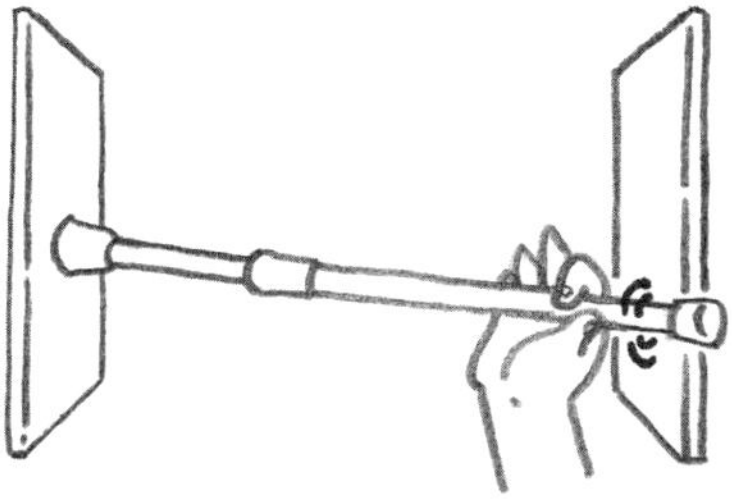

ぴったりの長さより２㎝ほど長くして
片側を壁に押し当てる

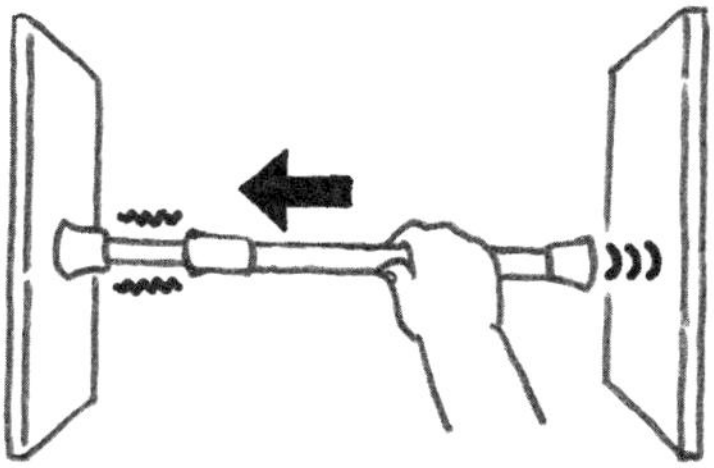

バネの力でぐいっと棒を押したら

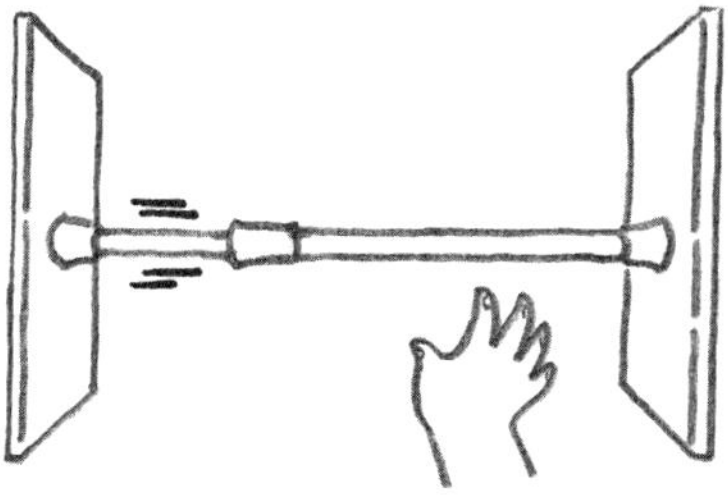

手を離す！　しっかりと固定されています

や柳澤秀夫さん、つるの剛士さんら男性陣は不思議そうです。「普通そうするんじゃないの？だって説明書にそう書いてあるじゃない」。え？

放送が終わった後、つっぱり棒の包装に差し込んであった紙を見てみると、本当にそう図解してありました。びっくりです。そのぐらい調べておけよ、と自分でも思いますが、マニュアル見ない人ってけっこう多いですよね⁉

ゴールデンゾーンとラベリング

仕切ってまとめるのに有効なツールは、引き出しやカゴ、書類ケースや箱など様々です。番組でキッチン収納をテーマにお送りした時は、場所に応じて適したツールをご紹介しました。

まず、背伸びしたりしゃがんだりすることなく、**手を動かすだけでぱっと出せる位置にある収納場所を「ゴールデンゾーン」**と呼び、ここによく使う道具を優先的に入れていきます。ここは頻度別収納でいうと、特等席になります。

それより上、吊り戸棚が多いと思いますが、ここには軽いモノを入れます。そこでお勧めのツールは、カゴや書類ケース。必要な時に入れ物ごと降ろして選びます。

そして、下に置くのは重いモノと心がけます。この場所の仕切りまとめツールでお勧めなのは、引き出しです。引き出しは上のほうの棚に使っても中身が見えませんが、下にあれば見下ろせて一目瞭然。

システムキッチンでは一番下が引き出しになっているものが多いですが、戸棚になっていても、段ボールなどを使って引き出し式にすると収納量もアップし、奥のモノも引き出せるのでお勧めです。

そうしたツールの使いどころの法則に加えて大事なのが、**仕切ってまとめるツールには、きちんとラベルをつける**ということです。

まとめたことで便利になっても、ぱっと見て中に何があるかがわからないのでは、意味がないからです。「お弁当関係」「保存容器」などと、面倒くさがらずにラベリングします。

私はどうも、手書きのラベリングは貧乏くさいという思い込みがあって、テープライターを購入して作ってみたりもしました。やがてそれも面倒になって、今は気に入った色柄のマスキングテープに中身を書いて貼っています。

でもやはり何といっても使いやすいのは、クローゼットにしている押し入れ用の衣装ケースです。ここは扉を閉めれば見えないからいいやと、事務用品の白いシール、それも三センチ×五センチくらいの大きめのものに、「冬のシャツ」「パンツとくつした」などとマジックで黒々と書き込んで貼りました。そうしたら、ホントこれが見やすくていいんです。

夫のパンツや靴下は、自分で出して使うわけではないので、どこにしまうのかわからなくなり、よく開け閉めを繰り返していました。それがこのテープで一目瞭然になり、洗濯物を片付けるペースが加速しました。

また、たとえ自分で決めた収納場所でも、何のための場所かわからなくなって、そこが死蔵スペースになる、というのが以前のお約束でした。それが、「季節外パジャマ」なんて書いてあると、半年ぶりでも探さずに入れ替えて有効活用することができます。

何より、中にあるモノが何であるか、どうしてひとまとめにしたのか、その意味がわかっていないと、ラベリングできません。適切な仕分けかどうかのチェックポイントにもなるわけです。「いろいろ」なんてラベリングしちゃダメなんですよ。

目的別収納を考える

置き場所の決め方のコツは、スーパー主婦が重視する種類別と目的別、頻度別の三つでした。

頻度別収納を優先するのがお勧めで紹介しましたが、あとの二つも大事です。

まず種類別。これについては、多くの人は自然とそうしていると思います。

「パンツを食べ物と一緒に冷蔵庫にしまう人はいませんよね」とスーパー主婦は言います。でも、あるリポーターの女の子が、「うち、すっごくぐちゃぐちゃなんです。母がまったく片付けられない人で」というので様子を聞くと、なんとそのお母様は、ワイシャツを食器と一緒に食器棚に入れるというのです。

そんな家もあるということで、一応確認しますと、洋服と食料は分けましょう、お皿と鍋は分けましょう、ということです。種類別というのは、見てわかりやすいので比較的深く考えずにできます。

そして、二つめの目的別ですが、これは、時に種類別よりも優先していいものです。

番組でキッチン収納の回に出演して下さったスーパー主婦の宮下曄子《ようこ》さんは、都心の中庭付きの注文住宅にお住まいの上品なご婦人。でもストローを使い捨てせずに毎回洗って再利用したりする憎めない方で、そんな彼女のキッチンは目的別を極めていました。

例えば、「お茶を飲む」という目的で、きゅうす・湯飲み・茶葉を一つのトレイにまとめています。お茶を飲むときには、それを出すだけで支度ができます。

「お客様が来た時」の引き出しには、おしぼりとおしぼり置きのセットがいくつか並べられています。こうすれば、急な時にも慌てずにぱっとすぐ出せます。種類が違うモノでも、目的が同じもの同士をまとめているわけです。

キッチンカウンターも、彼女は大きく「火まわり」と「水まわり」とに分けています。これは収納カウンセラーの飯田久恵さんが推奨している考え方でもあるのですが、**水まわりで使うものは流しの近くに、火まわりで使うものはコンロの近くに収納する**のです。

ほう、と思いました。私はそれまでキッチンの引き出しに、調理に使うフライ返しやおたま、ピーラーや計量スプーンなどを入れていました。私に言わせれば「調理器具」という同じ種類のものたちだったのです。

でも宮下さんは、フライ返しやおたまは、火に掛けた鍋やフライパンで使う「火まわり」のものなのでコンロの脇の引き出しに、ピーラーや計量スプーンは流しのそばで使う「水まわり」のものなので流しの脇の引き出しに入れるのです。

さらに宮下さんは、普通は同じ場所に置く人が多いと思われる**鍋とフライパンを、別に分けて置いています。**

鍋は、取り出したら最初に水を入れたり食材を入れたりするので「水まわり」、フライパンはいきなりコンロに乗せるので「火まわり」。

というわけで、コンロ脇にある浅い「火まわり」の引き出しには、胡椒などの香辛料とおたまやフライ返し、鍋つかみが一緒に入っていて、その下の深い引き出しにはフライパンとサラダ油が一緒に入っている。

これは、新鮮な光景でした。

「うちの台所、水と火で分けるほど広くないわよ」とおっしゃる方、ごもっともです。その時のお困り主婦Hさんのお宅もそうでした。うちもそう。

その場合、**同じ収納スペースを二つに仕切って分けるだけでもいい**んです。要は、混ざらなければいいんです。番組では、流しとコンロの間にある引き出しを縦に仕切って、流し側に「水まわり」のもの、コンロ側に「火まわり」のものを入れました。

引き出しを仕切り、流し側(右)にピーラーなどの「水」、コンロ側(左)におたまなどの「火」のものを入れる

Hさんは、とっても使いやすくなったと喜んでくださいました。その後、短期間入院されたときには、目的とモノとがリンクしているため、娘さんやご主人が代わりにキッチンに立っても探すストレス無く作業できたそうです。そして、数ヶ月後にお電話したら、「あの後さらに使いやすさを考えて色々工夫して、もっとスッキリしましたよ」と誇らしげでした。

不便に慣れていませんか

実は、**習慣化していることにムダは隠れています。**

他人がやっていると冷静に突っ込めますが、自分だと気がつかないものです。使ったら元に戻す。このあたりまえのことが、なかなかできないのはなぜか。自分の習慣にそれを妨げているムダがないか、考えてみるといいみたいです。

私の場合、なぜか洗濯後のバスタオルをたたむのが面倒で、出しっぱなしになりがちなのが悩みの一つでした。私はなんてダメ人間なのかしらと嘆きながら、とりこんだままの山から引っ張り出して使っていました。なぜそうなってしまうのか、その原因に気がついたのは、収納の達人のスーパー主婦、山﨑さんとバスタオル談義をしていた時でした。

山﨑さんはバスタオルを所持していません。山﨑さんによれば、バスタオルは大きくて場所を取って、こまめに洗濯するのも面倒だし水をくう。お風呂から出たら、フェイスタオル二枚でじゅうぶん事足りる。だったら我が家にはバスタオルはいらないわ、となったそうで、その決断は洗面所のスッキリに大いに貢献しています。

私も「そうそう、バスタオルって重くて使い勝手が悪いから、私もお風呂上がりはフェイスタオルだけですよ、同じ同じ」と共感したところで、はっと気がつきました。

私はその洗面所で使わないバスタオルを、「タオルだから洗面所ね」という固定観念から、なにも考えずに洗面所にしまっていたのです。

私がバスタオルを使うのはお風呂上がりでなく、寝る時。枕カバーに使うのです。さらに言うと、洗濯物を干すのは寝室のベランダ。そこから取り込んだバスタオルを、寝室を突っ切って遠くの洗面所に持って行って、しまう。そして寝る時には洗面所まで取りに行って寝室まで運ぶ——私はついに、すごいムダに気がついてしまったのでした。

固定観念を見直さないでいると、すごく面倒で不自由なことを平気で繰り返しているものだと思いました。でもきっと、無意識のレベルではなんだか不自由だな、面倒だなと感じているので、片づけも滞りがちになってしまうのです。

私がバスタオルを畳みたくなかったのも、無意識に、無意味なことをしたくなかったからなのでしょうか。

私はバスタオルの置き場所を洗面所から寝室の引き出しに移しました。するとあら不思議、バスタオルはすぐに片付くようになりました。そしてこの時、**あるべき場所にしまうことが快感をもたらす**ことも分かりました。自分の生理にしっくりくる、あるべき場所です。

今でも、寝室のチェストにバスタオルをしまうたびに、ちょっとゴキゲンになります。

そしてこの快感が、スッキリキープを実現させる原動力となっている気がします。

「捨てられるしまい方ってあるんです」

第二章
代謝のいい家にする「捨て方」

スーパー主婦・由里尚子さん（中央）と「数えるだけダイエット」決行

魅力的な出口にする

「断捨離《だんしゃり》だ」「ときめかない」と、思い切ってものを捨てていったものの、気がついたらまたリバウンドしちゃう人、いませんか。はい、私のことです。

モノってどんどん増えていきますよね。あるところで心して大整理に踏み切っても、時間がたつとまた増えていく。その繰り返しです。

思うに、捨てる↓増えていく↓ぐちゃぐちゃになる↓捨てる↓……を繰り返すこの螺旋階段は、どうみても下に向かっています。

どこかで断ち切りたい。

でも、モノを減らすようにと言われても、それがなんとも難しい。

「着てみて似合わないと思ったら処分しましょう」

「保留箱に入れて、一ヶ月使わなかったら処分しましょう」

「使わないものに占領されているスペース、いくらの家賃に相当する？」

えーい、それで捨てられたら苦労はせんわ！　と、挫折続きの私は開き直ってしまいます。だって、いま使わなくても、いつか使うかもしれないんだもん。私、好きなんだもん。私にとってなにかしらの価値があるはずなのよ。

こんなことを考えているうちに決断は先送りされ、ますます溜まっていくんです。人って、心から納得しないと行動がともなわないものです。

そんな風に一向にモノを減らせない私が、なるほどと思い腑に落ちたのが、**人間の身体と同じように、家も代謝をよくした方がいい**、という考え方でした。

便秘をすれば悪玉腸内細菌が増えて、口は臭くなるわ、肌が劣化するわ、病気にもなります。私はあさイチでイチ押しのヨーグルトを毎朝ばくばく食べて身体の代謝に気を配りながら、家が便秘していることには気がつきませんでした。

そう、確かにそこかしこで澱んでいたのです。

取り込んだ洗濯物。もうしまうのもイヤになっちゃって渋滞。

頂きものの乾物。とりあえず目に付くところに置いたまま使いこなせず、詰まっている。

ダイレクトメール。住所と宛名を消すのが面倒でテーブルの上に置かれたまま。腫瘍みたい。

はあ〜これって、まさに家が便秘しているのね。

でも、この状態を「便秘なんだ」と理解できれば、話は早くなります。便秘を解消すればいいのです。モノが必要に応じて家の中を回遊し、最後には出て行く。それがスムーズに行くシステムを作りましょう。

それには、どうすればいいか。

まずは、**出口をきちんと用意すること**です。

捨て上手のスーパー主婦、久間栄子さんのお宅に伺って一番驚いたのは、ゴミ箱の置き場所が優先的に決められていること。

リビングの収納の扉を開けると、下の段にポリバケツがどーんとありました。人の腰まである高さの、あの大きい水色のポリバケツです。

さすがにそれはわかりやすすぎですが、ゴミ箱が大きい、というのは、捨てやすくなるということです。

ゴミ箱は、ウエルカムな雰囲気を醸し出していなければなりません。フタがあって面倒とか、上にモノが乗っている、妙に小さいといったものでは、家の中の流れが詰まります。隅っこにあると捨てるためにいちいち移動しなくちゃいけないし、ぎゅうぎゅうになっていると、捨てたくなくなってしまいます。そしてにじみ出てきた毒素（捨てるべきモノ）が家じゅうに散らばり、家を澱ませます。

一方、山崎美津江さんの洗面所にはゴミ箱が見当たらないと思っていたら、洗面台の下の引き出しを開けて一番手前に、牛乳パックを半分の高さに切ったものが入っていました。洗面所で出るゴミは、髪の毛や脱脂綿など細かなモノばかりなので、大きなゴミ箱を外に出しておいて蹴飛ばしながら生活する必要はないとの判断です。

その場にふさわしい大きさと置き場所を吟味しています。大事なのは、必要な場所にあることです。

さらに久間さんのキッチンには三段立てのゴミ箱があり、びん・缶、紙ゴミ、プラスチックと分けられていました。そして、私が一番へえーと思ったのが、その美しさでした。

ゴミが入っている様子が美しいのです。紙ゴミ入れなんて、収納しているんじゃないかというくらい整然と重なっています。包装紙はたたんで、箱などは切って開いてつぶして平らにしておさまっている。ぐちゃぐちゃ、ポイッではないんですね。

また、多くの友の会の方は、新聞広告の紙を使って、暇な時に四角い容器を折り、キッチンにストックしておきます。これ、料理の時にぱっと出して、生ゴミ入れにするんです。特に、魚の廃棄部分や皿に残ったソースなど、直接ゴミ箱に放る前にこれに入れて捨てるとにおいも激減するし、水分がゴミ袋の底に溜まることもない。だから、ゴミ袋がキレイなままです。

この紙パックは、生ゴミ入れのほかにも枝豆やみかんの皮入れ、あるいはツメを切ったり風

〈新聞広告の紙パックの折り方〉

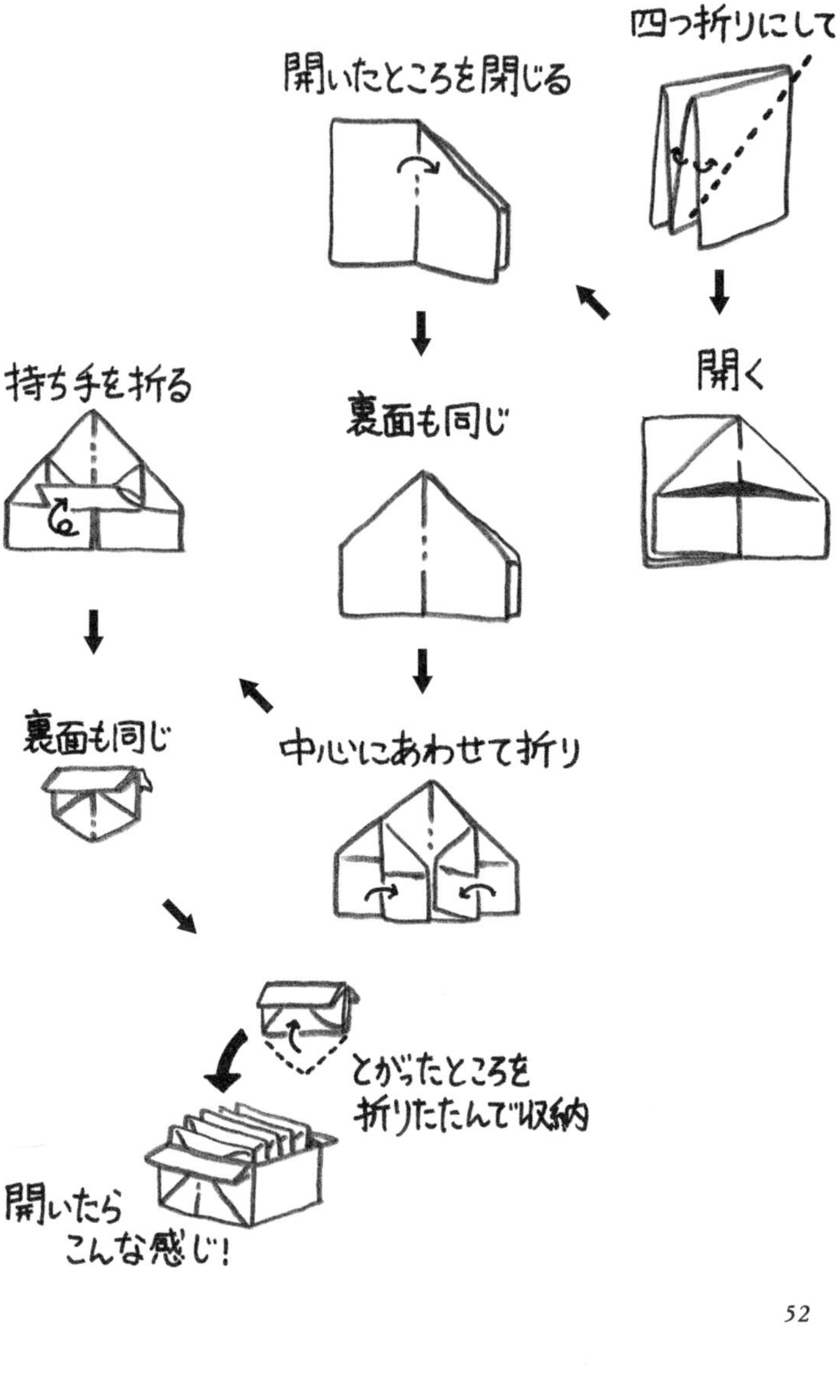
四つ折りにして
開く
開いたところを閉じる
裏面も同じ
中心にあわせて折り
持ち手を折る
裏面も同じ
とがったところを
折りたたんで収納
開いたら
こんな感じ!

呂の排水口に詰まった毛をとって入れるときなど、色々使えます。

作るときには、広告をごそっと持ってきて、いっぺんに折ってしまうと楽です。そして山﨑さんは、折ったものをすぐにお尻の下に敷きます。そうするとプレスされて薄くなりますから。

久間さんに資源ゴミはどこかと尋ねたら、冷蔵庫の脇に掛けてある、赤いお買い物バッグを見せてくれました。中に牛乳パックやペットボトル、プラスチックトレーなどが入っています。

「いつも行くスーパーに回収箱があるから、買い物に行くついでにこのバッグに入れて持って行き、帰りは買ったものを入れてくる。資源回収は自治体や企業やお店など、いろんなルートがあるけど、お店だと買い物に行くたびに出せるから、ゴミ置き場が必要なくなるんですよね」

もちろん、そのバッグの中の資源ゴミは、きれいに洗ってあります。

翻って、私は自宅のゴミ箱を思い出し赤面しました。うん、汚いな。

生ゴミ入れなんて、途中で垂れたしずくが茶色くなって、ゴミ箱の内側に何本もの筋を作っています。ゴミを出すのにまとめるときも、あまり触りたくない感じです。

久間さんのゴミ箱の美しさは、ゴミに対して「自分の家に縁あって入ってきて、働いてくれてありがとう、次の場所に行ってってね」という気持ちの現れのような気がします。反対にゴミ箱が汚いと、捨てるという行為に腐敗や汚濁といったイメージがつきまとい、気持ちよく捨てられないのかもしれません。少なくとも私はそうだったかも。

ゴミ箱は「捨てる場所」ではなく、自分と過ごす役目を終えて次に行く場所への「プラットフォーム」だと思い、リスペクトしましょう。そして、家が詰まった時に最初に手をつけるべきは、このゴミ箱です。中身を出して、キレイに扱って、スッキリ便秘解消しましょう。

「あとは出すだけコーナー」を作る

久間さんの家で、もう一つ感心したことがあります。それは、ものが出ていきやすくするために、**「あとは出すだけコーナー」という場所をしっかり確保**していることでした。そこには、読み終わった文庫本、ポケットファイル、タオル、スプーン、エコバッグなどが置いてありました。

うちではもう使わないけど、まだ使えるモノだから、必要な人がいれば差し上げよう。それまでの一時的な置き場です。ゴミ箱とは別の、もう一つの出口です。

バザーに出すこともあれば、リサイクルショップに持って行くこともあるし、友人がもらってくれる場合もあります。ここにまとめておけば、タイミングが合えばすぐに持ち出せます。

もう使わないと思っているものを、まだ使うものと一緒に置いておくのはだめなんだそうです。**よく使うものの陰に隠れて、出て行かない**からです。

また、使っていないものがあると、頭の中で、よく使うものの邪魔をしてしまいます。脇によけてくれていても、奥に引っ込んでいてくれても、私の頭は「ある」ということを知っているのです。

そんな風にいらないものが頭の中の「持ち物リスト」に加わっていると、何をどう使って自分の生活を回していくかをイメージする邪魔になります。判断も鈍り、さらに余計なモノを買ってしまうという愚挙に及んだりして、暮らしが贅肉だらけになってしまいます。

だから、**「これはもう出て行くものだから、うちには無いも同然だよ」と明確に意味づけする**「あとは出すだけコーナー」が大事なのです。

私は早速まねしてみました。玄関の廊下の戸棚に、「あとは出すだけ箱」を設置したのです。箱というか、夫が旅先で興味本位で買ってきた茶摘みの時に背負うような巨大なカゴで、本当はこれ自体出ていって欲しかったのですが、夫が捨てたがらないので、とりあえず入れ物として役に立ってもらいます。

すると、これは確かにいいです。最初は、この「あとは出すだけ箱」にモノが溢れてどうしようもなくなるんじゃないかと危惧していたのですが、そうでもないです。箱を置いた戸棚は比較的よく開け閉めする場所なので頻繁に視界に入ってきて、忘れることがありません。「出かけるついでにリサイクルショップに立ち寄ろう」とか、「今日会う母親にこれあげよう」と思い出せるんです。

そして何よりいいのは、もう使わないものを躊躇なくそこに移せることです。「ここに置く＝捨てる」ではないし、最悪そこから救出することもできるので、葛藤が生まれません。

次第に、我が家からは「使っていないけどなんとなくある」というものが減っていきました。よく使うものは使いやすい場所に置き場を作り、そこから出してさんざん使った後もきちんと戻っています。用を終えたものは、ゴミ箱か、「あとは出すだけ箱」に移動。

なんだか、家の中でモノが機能的に動いているという手応えさえ感じるようになりました。そうすると、使用頻度に合わせてモノの置き場を移動させることも面倒でなくなってきました。

そして、大きな変化がありました。

家で仕事ができるようになったのです。今までは、仕事を持ち帰っても、何もせずに職場に持ち戻っていました。いろいろなモノが周りにあったので気が散ってしまい、集中できなかったのです。ところが今は、視界に入るのは今すべきことに必要なものだけ。これがこんなに心地よいこととは知りませんでした。うれしい副産物でした。

適量の見つけ方

モノは減らさないとですよね、と息巻いていた私に、スーパー主婦が言いました。「あら、**ものが多いこと自体は悪いことじゃない**のよ。それは好奇心が大きいということだから。だって何も持たない暮らしなんて、楽しくないじゃない」

意外な返事でした。そして、ちょっと嬉しくなりました。急に手のひら返しちゃいますが、その通りですよねえ。なんだか最近「少ないものでシンプルに暮らす」ことがよしとされ、無理してでもモノを捨てましょう、となっているように思いませんか。

その流れに乗って思い切って捨てまくってしまい、なんだか寂しくてひからびたような気分になったこと、ないでしょうか。私はあります。

スーパー主婦の井田典子さんだって言います。「私はキャパシティが少ないから、たくさんのものを管理できないんです。だからなるべく少なくしているだけ。エネルギーのある人はいいんです。多く持ってもね」。なるほど。

でもお気づきでしょう。井田さんのこの言葉は、**あなたには、多くのものをすべて把握して管理できるだけのキャパシティがあるのか、**という問いを投げかけているのです。

実際には、自分のキャパシティ以上に持ちすぎている人が多いのだと思います。だから減らすべき、となるのです。でも、単に減らせば減らすほどいいわけではなくて、自分の適量を見極めることが大事なのだと思います。

では、自分の適量を、エネルギーを知るにはどうすればいいか。

スーパー主婦とおつきあいしてきて、それにはどうやら二つの方法があるとわかりました。

一つは身もフタもないのですが、**「置き場所に入る量だけにする」**です。夢のない考え方ですが、これは真実です。

わが家は夫婦とも本好きで、読み終わった単行本や映画のパンフレット、番組の資料やサイン本、子どもの頃好きだったマンガなどがあふれて収拾がつかなくなっていました。

スーパー主婦に「モノは入るぶんだけよ」と言われたので、寝室の戸棚を空け、「本はここに入るだけしか持たない」と決めました。

キャパシティが決まると、今度はそこに大事なものから順に入れていって、いっぱいになったら終わりです。入らなかったものは、涙を飲んでリサイクルショップ、または図書館に寄贈します。

その後も本は増えていき、棚のスキマにぎゅうぎゅう押し込んでしまうこともありますが、だいたいはその都度取捨選択して置く本を選べるようになりました。気がつくと、大学時代に買って折にふれて読み返している山岡荘八著『徳川家康』全二六巻が残っていたりします。自然と、一番大事なものが残るようになっていくんですね。

私がもし、置き場所の制限を持たず、判断基準が明確でないまま、その本が必要か不必要かを決めるのだとしたら、恐ろしく時間がかかるでしょう。出した結論に対して、後悔したりもしそうです。

でも、絶対必要なモノから順番に入れていき、その場所に入るまでという線引きをすれば、あきらめもつきます。**絶対評価より相対評価で行く**のです。で、もしも入らなかったもので「これはどうしても必要」と思うものがあれば、その時点で収納場所を見直します。その際、自分の家の総面積とその置き場所を考え、自分にとって妥当な比重となるように意識します。

私も本当はもっとたくさん身近に本を置いておきたい。でも、ぐっと我慢します。今の私とこの家にとって、本はこの戸棚が適量なのよ、これが私のキャパなのよ、と言い聞かせます。身の丈にあった暮らしをしないと。この考えは、もっと広い家に引っ越せるように頑張ろう、と仕事のモチベーションにはなっています。

少し足りないくらいが気持ちいい

安かったから大量に買ったトイレットペーパー。戸棚に入りきらなくて床に直置き。美しくない。おかげで掃除しにくい。

便利そうだったから大量に買ったレトルト食品。戸棚に入りきらなくて、別の戸棚に押し込もうとしたら、以前買ったレトルトが詰まっていた。

ストック品というのは増えていきがちです。あ、切れた、となる前に買っておいて安心したい、そして、どうせなら安く買った方がお得、という心理からでしょうか。

でも、騙されたと思ってやってみてください。**「ストック置き場」を決めて、そこに入るだけしか買わない**ことを。

「今は使わないもの」によって、貴重なスペースが占領されていることは、思った以上に気持ちの負担となっています。それがなくなるとかなり気持ちいいことがわかるはず。

スッキリ名人井田さんの家は、本当にいつもスッキリしています。その秘密のひとつは、ストック品を極力持たないことだといいます。

キッチンの、食料品のストック置き場は、小振りな深い引き出し一つぶん。一五センチ×四〇センチ×三〇センチくらいでしょうか。そこに入っているのは、パスタ、強力粉、ツナ缶やトマト缶、海苔など、わずか一一点でした。

物理的な容量と、「自分が思い出せるだけ」という精神的な容量をキープしています。

キッチンの深引き出しに入っているしょうゆやみりんのボトルを見せてもらったとき、みりんが残り一センチになっていました。「ストックを置く場所がないので、ここまでになっても、まだ買いに行きません。残り三ミリくらいになったら買いますね」

なぜストック置き場をもたないのかと聞くと、「我が家のストック置き場はお店です。ほとんどいつでも行けるストック置き場があるのに、家に置くことないです」と。

私は感心しつつも、ダメ人間ならではの厚かましさで食い下がりました。

「でも井田さん、うっかり切らしちゃって、お店行く時間もなくて、でも夕ご飯作らなきゃならないって時は、後悔するでしょ」

「その時は、あるもので工夫したりして、無いことそのものを楽しめばいいんです。結構色々出来るものですよ」

井田さんに取材した八ヶ月ほど後に、東日本大震災が起こりました。世の中が落ち着いた頃ふと思い出して、お店からものがなくなったあの時、井田さんはどうしていたか聞いてみました。そうしたら、一週間くらい買い物しなくても平気だったというのです。

それは、井田さんが冷凍の達人で、よく使うものを買った時に下ごしらえして冷凍したものがそこそこあったこともありますが、「無い時には、あるものを工夫してなんとかする」で大丈夫だったといいます。ツナ缶やトマト缶、パスタ、冷凍しておいた食材など、思うよりも十分な量があるのだと言います。そういえば井田さん、お困り主婦宅でよく、「何も買わなくてもこれで三ヶ月は暮らせますね！」と感嘆しています。

私も、まずは消耗品のストックを減らすようにしてみました。

毎晩、お風呂に入るとき下着を洗うのに使うおしゃれ着用洗剤。以前は詰め替え用を一つは常備するようにしていましたが、それを無くしてみました。

ある晩、使おうと容器を押したらブホッズルズル……そろそろ終わるな、買いに行かなきゃと思いましたが、買いそびれること一〇日間。でも、もう終わりだと思っても、押し出すと洗剤って意外と出てくるんですよね。断末魔の少量でも、じゅうぶん洗えることもわかりました。

さらに出し口を外して容器から直接出したら、これまた結構出てくる。最後は容器に水を入れて内側の壁をさらって出して、それも尽きたら、代わりに石けんで洗いました。その体験をしてから、「これくらいになっても、まだ買いません」と言っていた井田さんの気持ちがちょっとわかりました。

無くなってもなんとかなるから、本当に使い切るまでは新しく買わない。これって、気持ちいいことでした。使い切った！　という達成感と、ムダにしていないという自信からでしょうか。とにかく、使いかけのしょうがのチューブが三本以上出てきた時とは正反対の気持ちです。

いつ必要になるか不安だから――。あると便利だろうから――。

そうして買ってきたけれども使っていない物に囲まれて暮らすよりも、使い切ってから足せばいい、あるいは足りない状態でも工夫できると考えられれば、身も心もラクにスッキリ暮らせると、井田さんは言っていました。

ちなみに井田さん、しょうゆやみりんのペットボトルに、開栓した時の日付を書き込んでおきます。そうしていると、自分がだいたいどのくらいの周期で使い切るかが把握できるようになり、心の準備も出来て安心だし家計管理のめどにもなります。

でも、ストックを持ちたいという欲望って、結構根強いものです。だから油断してはいけません。

最強スーパー主婦山﨑さんでさえ、いつも使う歯磨き粉が「一〇％増量！」と売り出されているのを見かけてつい買ってしまったそうです。そうしたら、容器が一センチくらい長くなっていて置き場の棚からはみ出し、いつものように立てて置けなかった！　不覚です。それから一ヶ月以上、棚の奥に寝かされた歯磨き粉を見るたびに気になって、それは一〇％増量で得したお金以上の煩わしさだそうで。

「早く使い切っちゃおうと思っているの」と仰っていましたが、五センチくらい出して口の中を泡まみれにしたのでしょうか。まあ、歯磨き粉が寝ていることがそんなに気になるのも、普段のスッキリさがいかにハイレベルかということでしょうけど。

数えるだけダイエット

さて、**適量を知るためのもう一つの方法は、「見える化」**です。

なんだか使いきれないほどたくさん食器があるわ、さすがにこの服全部は着ないだろう、など、漠然と感覚で考えてもなかなか処分には踏み切れません。でも、数字や見た目で実感できる量で突きつけられると、脳が納得するんです。

お勧めしたいのは、**ともかく数で把握すること。数えてみること**です。

もし、「洋服は何枚持っていますか?」と聞かれたら、あなたはなんと答えますか。「さあ、数えたことないのでわかりません」という人がほとんどでしょう。親しい友人とだって、こんな会話はしませんよね。

でも、友の会の人たちは違うんです。「あなた洋服の持ち数はいくつ?」「九八枚です」「一二〇枚。私は多めなんです」……最初、聞いたときはびっくりしました。

友の会では「持ち数調べ」と言って、洋服なり、鍋なり、我が家にはいくつあるのかを定期的に調べています。

理想的な数があるわけではなく、人それぞれでいいのです。でも、そうやって自分の持ち数を把握することによって、これはちょっと私の手に余っているな、とか、これくらいだとすべて管理できて気持ちいいな、と意識するようになります。自然と、自分に心地いい分量、「私の適量」が見えてくるのです。

建築家のご主人が設計した一戸建てにお住まいの素敵なスーパー主婦、由里尚子《たかこ》さんと、洋服が捨てられず、どうしようもなくて困っているというお困り主婦Oさんのお宅でクローゼットの大改造を行いました。

その時の方法が、**数えるだけダイエット。**

数える〝だけ〟なんて言っちゃって、数えること自体が結構大変じゃないか！　と突っ込まれそうですが、ええ、確かに大変です。でも、大変なだけの効果があるのです。数えた先にはスッキリした暮らしが待っています。


手順は次の通り。
①持っている服を全部出す
一年分の洋服を全部外に出しましょう。（小物・靴下・下着は除きます）

夏物・合い着（春秋）・冬物と大きく分けておきます。まず、総量を目で見て実感しましょう。おそらく、部屋中覆い尽くすと思います。これだけのものが入っていたなんて、クローゼットって優秀だわと感謝したくなるはず。と同時に、これが果たしてまた入りきるか、という疑念と不安も湧いてくるでしょう。でもともかく、ここでは自分が持っていた洋服の量を、体積として、目で実感すること。ここでお困り主婦Oさんは、「私はこんなに扱いきれません」と戸惑っていました。

②服を数える

スカート・パンツ・シャツ・カーディガン・コートといった種類毎に何着あるか数えてメモし、季節毎に合計を出して、総数を計算しましょう。

実は私、ロケの前に自分でもやってみました。ちょうど着ない服を結構処分した後だったので、少ない自信はありました。由里さんには「たぶん七〇〜八〇だろうと思います」なんて言っていたのですが、実際数えたら、一六八着ありました。

ロケの時、Oさんは、「一五〇着くらいあるんじゃないでしょうか」と言っていましたが、数えてみたら三五五。目玉が飛び出るくらい驚いていました。だいたい、自分が想像している倍くらいあるケースが多いようです。

八〇年にわたる友の会での実践から、みなさん一〇〇以内だとかなりスッキリして管理が楽、多くても一二〇くらいかな、という実感のようです。最初に自分が「これくらいじゃないかな」と思って口にした数字くらいが、もしかしたら自分の頭で楽に管理できる適量なのかもしれません。少なくとも目安にはなりそうです。

この、「数える」という大イベントで、自分の服が今これくらいある、と客観的に把握できます。数で認識することで、仕分けにむけての気持ちの準備ができます。

③「着る服」と「着ない服」に分ける

着る服と、着ない服に仕分けしていきます。ここでいう「着る服」とは、「今、この一年で着る」と思う服。「着ない服」とは、「今は着ないだろうな」という服。似合わないので着ていない・着心地が悪くて着たくない・着る機会がない服なども着ない服に入ります。

直感で、五秒で決めましょう。迷ったら「着ない」方へ。話題になった整理法のごとく、「ときめくかどうか」で決めてもかまいません。

ここでの大事なポイントは、「着ない服」＝「捨てる服」ではない、ということ。「着ない服」に仕分けたら捨てなきゃならない、などと思わないことです。本当に捨てないんですから。それなら気が楽ですよね。

この仕分けは、作業です。余計なことを考えず、粛々とこなしましょう。

数えたことで総数がわかっているので、仕分けるときには無意識に「着る服」の数をコントロールするようになっています。判断も楽にできるはず。おそらく、「着ない服」がずいぶんとでてくるでしょう。

④まずは「着る服」だけを収納する

「着る服」だけを、取り出しやすくしまいやすく収納していきます。特に今の季節に着る服（例えば冬物）を、クローゼットの「ゴールデンゾーン」＝一番使いやすい位置と高さ、に収納します。続いてその次に使いやすい場所に春秋もの。最後に季節外の服（例えば夏物）を余った場所へ。春秋物は常にその場所に、衣替えの時に夏物と冬物を交換するつもりで。

⑤「着ない服」をまとめて、「考え中」というラベルを貼る

「着ない服」に分類した服。この時点で処分を決める服もあるでしょう。そういうのはこれ幸いと処分し、残った悩ましい服を、とりあえず余ったケースにでも何でも押し込んで、上の方の棚とか、押し入れの奥とか、普段よく使う服の出し入れに邪魔にならないような場所に置きましょう。

そして、「考え中」とラベルを貼りましょう。これについて私は考えているところなんだ、と意識させるためです。

これで終わりです。でも、本当はその後に⑥があります。

⑥いつの間にか、自分の適量で心地よく暮らしています

着ない服に邪魔されることなく、着る服だけで暮らしていくと、その心地よさが実感できます。「考え中」の入れ物は、放っておいてもいいし、思い出して着たくなった服があれば取り出してもかまいません。そうしていくうちに、本当に自分にいらないものは「どう考えてもいらないわね」と心から手放せるようになります。

この「数えるだけダイエット」は、たしかに大変です。エネルギーが必要です。

でも、お困り主婦Oさんの様子を一〇ヶ月後に見に行ったら、考え中の巨大な箱の中身がほとんど処分されてなくなっていました。クローゼットも、スカスカと言っていいくらい余裕があって、本当に気持ちよく暮らせているとおっしゃっていました。「私、こんな服を持っていたんだ」ということがなくなり、「着ない服」を意識するようになり、手放す判断も楽にできるようになり、そしてむやみに買わなくなったといいます。

そして、小学生の娘さんにもその影響は波及し、きちんと畳んでしまえて、自分で洋服の管理ができるようになって、子ども部屋もとてもスッキリしたのだそうです。

人生を変える！　と思えばやれます、数えるだけダイエット。

NHKで流行った洋服のたたみ方

これから紹介するのは、生活情報の扱いに関しては百戦錬磨、整理上手のあさイチ女性プロデューサーも気に入って病みつきになったという、スーパー主婦由里さんおすすめのたたみ方です。

【カットソーなどのシャツ類】

最初に袖だけを折るのがポイント。こうして長方形にすると、押し入れ用引き出しの幅にぴったりと合うので、立てて収納できます。

これ、やってみたらわかりますが、一枚一枚が薄いのでそれだけでは「自立」しません。ふにゃふにゃだから倒れて出し入れしにくいのでは？　と思いましたが、そもそも倒れるスキマがない場合が多いんですよね。このたたみ方だと、薄くなってたくさん入るし、袖が中に隠れているので、出し入れの時バラッとしません。本立てを仕切りにすると、使いでがよくなります。

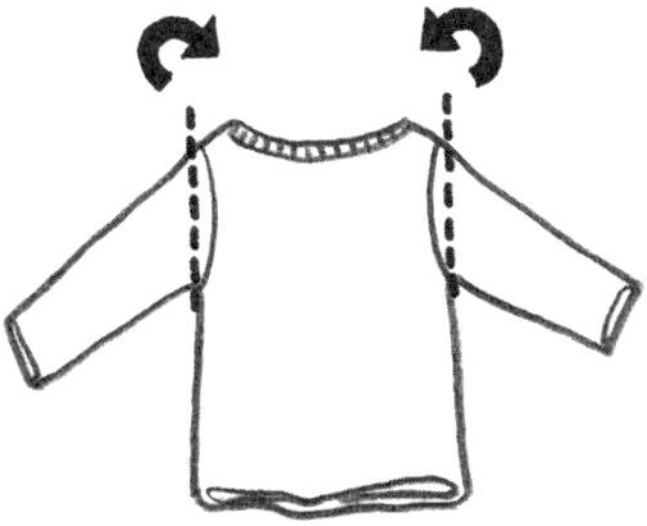

袖だけ中にむかって折り
全体を長方形にする

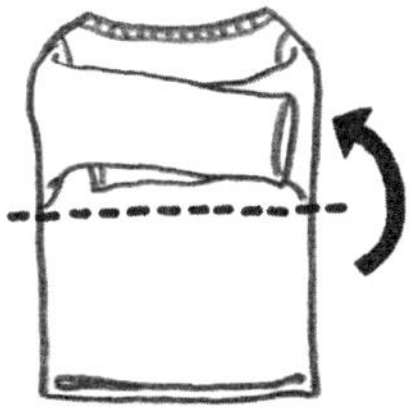

上下に半分に折る

3分の1の幅になるように
左右を中にむかって折る

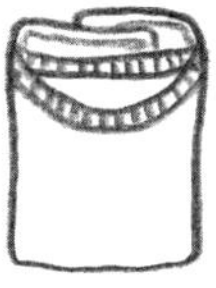

【靴下】

両端を真ん中にむかって折ります。この時、履き口が上になるようにし、指先を履き口に入れ込みます。こうすると、片方ずつばらばらにならないし、履き口のゴムが伸びることもありません。このように単体でまとまる、ということをスーパー主婦由里さんは重要視します。

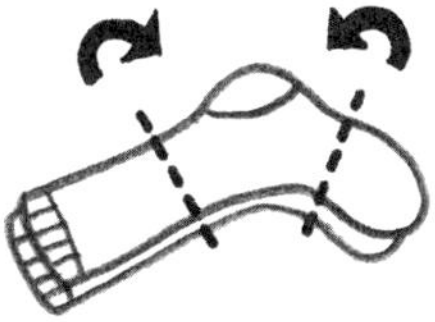

両端を真ん中にむかって折る

つま先を外側の履き口に入れ込む

【下着のショーツ】

私が一番使いやすさを実感したのがこれです。ショーツって、適当に突っ込んでしまって探すのに手間がかかったり、出す時に他のものが引っかかってきたりしませんか？

要領は靴下と同じ。ウエスト部分に入れ込むのです。こうしてたためば、バッチリです。

3分の1の幅になるように
左右を中にむかって折る

股の部分を
ウエスト部分に入れ込む

【パンツ（ズボン）】

靴下やショーツと、基本的な考え方は同じです。吊るさないでたたむ場合は、両足の裾をまとめてウエストに入れてしまうことで、ぱらぱらせずにまとまり、出し入れもしやすい。

これを番組で紹介しようと準備をしていたら、技術スタッフの一人が「ベルボトムだったらどうするんだ、入らないじゃないか」と指摘してきました。確かに、どうするんでしょう。

私は幸い、ベルボトムは持っていませんが、由里さんのたたみ方の〝心〟を理解していただければ、自分なりの工夫をしていただけるかと思います。

とにかく、ビラビラを中に入れてしまうのです。そうすると、どの服も表面がなめらかにまとまります。数えやすいのも特徴です。

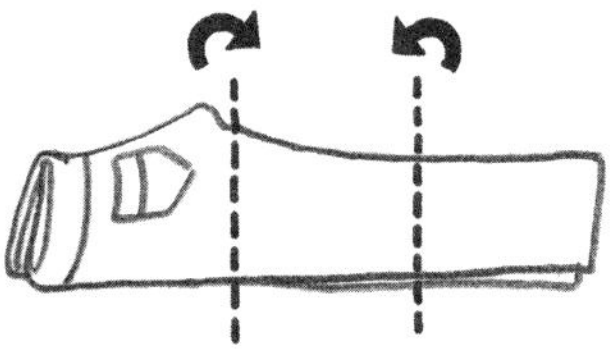
両端を真ん中にむかって折る

裾をウエスト部分に入れ込む

【襟の付いたシャツ類】
カンタンとは言えませんが、お勧めは断然「ブティックだたみ」。手順とコツを覚えたら気持ちよくできます。文化服装学院の講師に教えていただき、私が続けている方法をご紹介しましょう。

ポイントは、手でぴしっと伸ばしながらやること。また、袖を折る時に、三角に持ち上がった脇の下の部分をきちんとつまんで折り倒すこと。こうするとピシッと決まります。

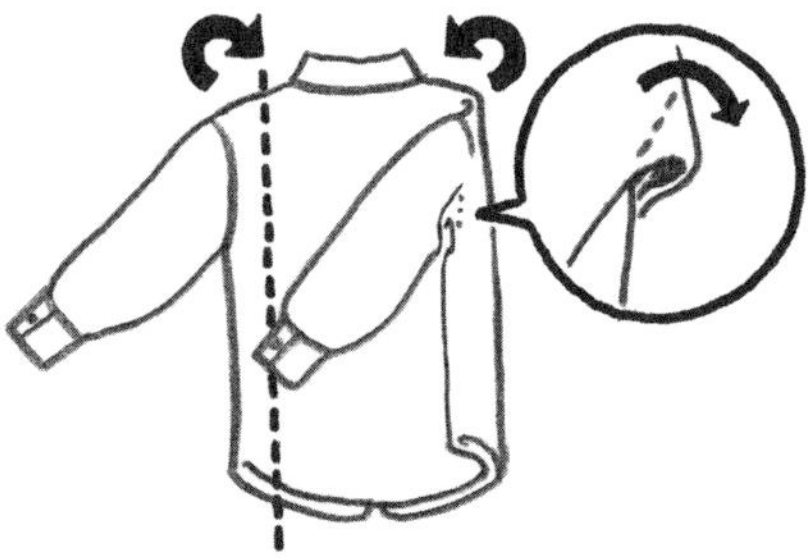

袖を後ろに折る。三角に持ち上がった脇は折り倒す

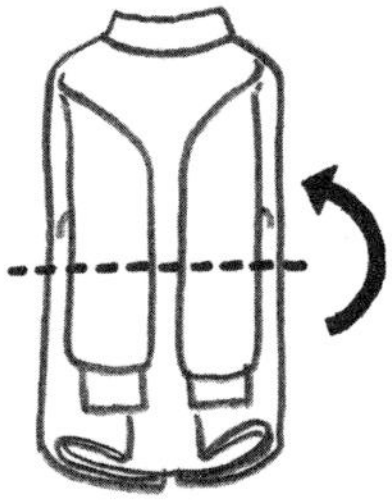

上下に２つに折る

紙類は空中分解

捨てられなくて困るモノのアンケートをすると、常に上位に来るのが紙類です。

家が紙類に乗っ取られる！　とおののくお困り主婦Aさんの家には開かずの間があり、その隅に紙類の墓場がありました。

あとで家計簿につけるつもりで捨てられないレシート、子どもからの手紙、答案用紙や学校からのお知らせなどが、保険証や母子手帳までごっちゃになって、どうすればいいか判断ができないうちに肥大化し、来客があるたびにここに追いやられてきたのです。

家が紙類に侵略されないためには、そもそも家に持ち込まないこと。家にやってきたその時が勝負だと、スーパー主婦は言います。

スッキリ達人井田さんは、玄関の下駄箱の引き出しに、ハサミと個人情報保護スタンプを置き、紙ゴミコーナーも設けています。

家に帰ったら、「靴を脱がないうちに」郵便物の宛て名部分にスタンプを押して、中身を出し確認します。不要だったら紙ゴミコーナーに。これでまず、家に持ち込まれるのは必要なものだけになります。

捨て名人久間さんは、家に持ち込みはしますが、そこからが見事でした。家に固定カメラを設置させていただき観測すると――。

ポストから郵便物の束を持ってきました。いらないチラシやDMは紙ゴミのゴミ箱へ。電話料金のお知らせは、本棚のファイルへ。そこには「電話料金」「ガス代」「電気代」「カード明細」などが、クリアファイルに分けられて並んでいます。そして町内会のお知らせはコルクボードに貼り、新聞は新聞置き場へ、そこにあった昨日の新聞はゴミ箱コーナーにある古新聞入れに移す。

というように久間さんはくるくる動き回り、手元から一度もどこかに置かれることなく、紙の束が「空中分解」して消えていったのです。

それを可能にしているのが、**わかりやすい分類法で紙類の置き場所が決まっている**ことです。わかりやすくする分類のポイントは、**家に留まる時間の長さによって三つに仕分ける**こと。頭もスッキリしてしまいやすくなります。

①大事な書類

証券、家の契約書、年金手帳や遺言書！　など、長く持っておく必要があるけど、見ることはほとんど無いもの。こうしたものは「重要書類」として、ファイルに入れるなどしてまとめます。

②一年に一度くらいチェックする書類

保険契約書など、これも一つにまとめて毎年更新のたびに入れ替えます。

③日常的なもの

それぞれ、分野別にまとめます。
・保健衛生関係。健康保険証や診察券、母子手帳など。
・住居、家具関係。電気製品の保証書や取り扱い説明書は、モノの大中小で三つのファイルに分けると探しやすいです。
大＝設備・家具関係（エアコン・風呂給湯器など）、中＝電化製品（電子レンジ・テレビなど）、小＝小物類（時計・携帯・ドライヤーなど）です。

公共料金の明細書などは、種類別にして蛇腹状のポケットファイルに入れたりして、一年分なら一年分と期間を決めて保存します。
・教育関係。学校の名簿や重要書類など。
・教養娯楽関係。プログラムや雑誌など。
問題は、今は処理できないけど、しまうと忘れてしまいそうなものです。

例えば父母会のお知らせ、遠足の説明など。こうした、**毎日新しく入ってくるものの置き場にお勧めなのが「引き出し式収納」**。浅い引き出しに、寝かせたまま投げ入れていくので楽だし、ある程度溜まったら下のほうの紙から処分していけばよいのです。

こうした書類を、お困り主婦さんはポケットファイルにキレイに収納していましたが、久間さんに「こういうものをきちんと収納しちゃうと捨てられなくなるのよね」と一蹴され、ずっ支払期日のある振り込み用紙、提出書類などを、忘れそうなので目に付くように、と出しっぱなしにしておく人も多いでしょう。

でも、それは「予定を書き込む」ことで解決します。

家の中でカレンダーの場所を決めておき、毎年必ずそこに貼ります。そして、そのカレンダーに期限日や実行日を書き込みます。

カレンダーでチェックすることを習慣にすれば、書類自体は出しておく必要がありません。「未決コーナー」という専用の場所を確保して、そこにしまいます。

子どもの描いた絵や手紙などはどうしましょう。

専用のギャラリーコーナーを確保します。子どもから作品をもらったら、すぐにそこに展示。一度一定期間飾ってもらえると子どもも満足するし、親も、後々まで残すかどうかの判断がしやすくなります。

展示後もとっておきたいものは、別に保管場所を決めて、分量の上限を設けて保存します。

このように、家の中での「流れ」を決めておけば、余計に悩まなくてすみます。

ちなみに、年末のスーパー主婦特集に出演していただいた山﨑さん、井田さん、久間さんの三人がそろって見せてくれた年賀状の整理法と捨て方をご紹介しましょう。

　その年にもらった年賀状を、差出人のあいうえお順に並べてまとめ、右側面を粘着テープで留めて、本の背のようにするのです。年賀状って意外と厚いので、テープにちゃんと留まります。その、本のようなまとまりがそのまま住所録になります。何度も抜き差しが可能なので、住所変更や喪中のはがきが来た時などは入れ替えます。

　これもまた、見た目より機能を優先させた、さすがはスーパー主婦という整理法。私は例によって「外には見えない場所に置くからいいや」と自分に言い聞かせ実行しました。

　スーパー主婦たちは最新の年のものを残し、それを定位置に収めておくのですが、私はとりあえず二年分二冊をとっておくことに。

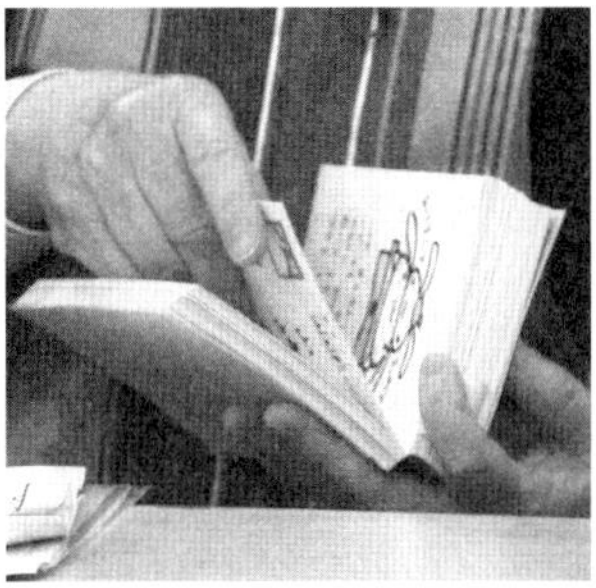

抜き差しが可能な年賀状住所録

　で、効果は抜群でした。はがき類の置き場所が決まったことで、数枚が放置されるということがなくなって片付き、またダブっているものがすぐわかるので、悩まず捨てられるようになったのです。

なりたい自分と今の自分

使わないのに処分できないものの中でも強敵なのが、その時に前向きな気持ちで買ったものです。英語の教材、パン焼き器、フラフープ、最新の毛糸……こんな私になりたい、という向上心によって買っているので始末に負えないのです。

毎日ふかふか焼きたてのおいしいパンを食べられたらなんて素敵だろうと思い、私はパン焼き器を買いました。

買ったその日に強力粉とドライイーストを買ってきてセット。朝起きたらぷ〜んといいにおいがして、本当においしいパンが出来ました。しばらく使っていましたが、ある時からぷっつりと作らなくなってしまったのです。気がつけばお店のパンを買っています。

きっかけは、夏になって、朝から熱々のパンを熱々のお釜から、ミトンをはめてあっちっちと気をつけながら出す作業が面倒になったことでした。さらに、できたてのパンはスライスしにくい。切ろうとするとつぶれて、へなちょこな形になります。それでイヤになってしまったようです。冬になったらまたやる気になるかなと思いましたが、結局やりませんでした。

それから一五年。私はそのパン焼き器を処分できていません。いつかまた、パンを焼きたくなった時に、処分を悔やむ気がするからです。私にとって、「おいしいパンの香りで目覚める生活」は、なかなか手放したくないセルフイメージ。「おいしいわよ、焼きたてのパンって」なんて友人に言ってみたいんです。

「それがあることで幸せな気持ちになるなら、置いておいてもいいと思うけど」

スーパー主婦久間さんにはこう言われました。

幸せな気持ち……「これがあるから、いつかおいしいパンを焼けるのね、嬉しい」とは残念ながら思いません。逆に、これがあるのにパンが焼けない私を目の前につきつけられます。

しかも、パン焼き器は結構場所ふさぎなんです。使わないものがドンと場所をとっているって、精神衛生上よくないです。

致命的なのは、万が一またパンを焼きたい気になっても、私のことだから最新型を欲しがるに決まっていること。残念ながらこのパン焼き器は、私の「今」の人生とは交わらない運命にあるようです。

自分の能力や性格を認めた今となっては、パン焼き器はお役ご免です。ありがとうパン焼き器。二ヶ月間楽しかったわ。だけどその後の一五年間、別れるべきなのにずるずる一緒にいたのは悪かったわね。

家電のリサイクルで面倒な手続きがあったなと思い出して一瞬気持ちが鈍ったものの、ともかく問答無用で「あとは出すだけコーナー」に移動。ここに移したことで、なんと気持ちがスッキリしたことか。

ここまでしたところで、何というシンクロか、夫が「パン焼き器ってどこにやったの？」と聞いてきました。「戸棚の奥にあったけど、処分を決めた」「ええ～パン焼き器、使おうよ」チッ。こんなふうに家族に背中を撃たれることはよくあります。「私には使いこなせないことがわかったの。焼きたかったら自分で焼いて」ということで、夫が使いこなすかどうかを早急に見極めようと思います。

思い出を、捨てる勇気と捨てない決断

スーパー主婦の井田さんは、二〇一一年の夏休みに、家族の三〇年分の写真を大整理したそうです。分厚いアルバムが四一冊。「縦にして並べたら一・四メートルありました」なんて、測っちゃうところがさすが友の会です。それが整理後は写真用ポケットファイルに入れて二五センチになったそうです。

整理するにあたっては、

・同じ構図の写真は一枚にする
・変な顔やぶれているもの、自分の姿が気に入らないものは捨てる

・残ったものを時系列に並べてファイリングするとしました。その結果、残ったのは三六〇枚入りのポケットアルバム五冊分に。では、写真を剝がされたアルバムと、残さないと決めた写真はどうしたか。

「写真は人の顔があるし、どうしていいかわかりませんよね。私は河川敷のバーベキュー場に持って行って夫と二人で燃やしました」

そんな〝儀式〟をしてまで思い切って写真を捨てたことで、やはり毎日が快適になったと言います。

写真そのものについても、それまでは納戸にしまい込まれていたのが、コンパクトになったのでリビングにアルバムを置けるようになり、気軽に楽しんで見られるようになったそうです。

そう、**思い出のモノは、いつでも見て触ることで楽しく幸せになってこそ、存在意義があるの**です。

同じスーパー主婦でも山﨑さんのような超ドライな方になると「写真？　私なんかシュレッダーにかけちゃうわ。だってそれ自体はモノでしかないじゃない。ガーッとやって、スッキリよ」で終わるのですが、これればかりは自分自身の気持ちが落ち着くやり方を選びましょう。

ただ、くどいようですが心しておきたいのは、大事な思い出というものは、今の自分を幸せにしてくれるものだということ。

ロケの時、スーパー主婦久間さんとお困り主婦のやりとりに立ち会って、色々考えました。お困り主婦さんは、学生時代の思い出のジャンパーを「これは自分の人生の一部だからとっておきます」と決断しました。

でも、久間さんは突っ込んでいきます。

「なるほど。で、これ、どこに置いてありました？」

「えっ、その辺の服の山の中」

「ですよね。人生の一部とおっしゃっていながら、よく見るとしわくちゃだし、大切にしたいという思いはどこにこもっているんだろうって」

「た、確かに。しみもある。あれれーって感じ」

本当に大切な思い出のものなら、いつでも見返せるようにちゃんとした置き場所が与えられていいはず。そうでないということは、このモノは残さなくてもいいと、無意識に感じていたのかもしれません。

そのお困り主婦Oさんは、とても優しく暖かい方でした。おっとりはにかみ屋のご主人と、素直で可愛い娘さんとの幸せな家族。優しいがゆえにモノを捨ててこられなかったように見られましたが、この機会を最大限に活かし、以降、お宅がどんどん変わっていきました。

スーパー主婦にだって、捨てられない思い出の品があります。〝捨てられない女王〟の有働由美子アナに、生放送で処分のすすめを厳しく説いて一歩も引かなかったツワモノで、「捨ての久間」と番組内で呼ばせていただいた久間さんにもです。ただ、本当に大切にとってあります。

それは、お子さんの小学校時代の作品。折り紙で作ったペンダントや花、思い出を絵で綴った巻紙、お母さんのお弁当に感謝する手紙……小さな箱におさまる分量ですが、見せてくれた時も涙ぐんでいました。

もう一つは、ご自身が生まれた時にお母様にしつらえてもらった雛飾り。紙粘土のようなもので出来ている小さなもので、落として割れてもその都度修復し、ひびだらけになっても大切にしています。そして毎年三月に、ちゃんと飾っています。

心とモノを正しく結んでいるんだな、と感じました。

私自身は、思い出には淡泊で、ほとんど忘れているほうなのですが、それでもどうしようもないモノがあります。

①幸せを反芻できるモノ（旅の写真とか）

②自分はこんな人だったという証拠品（トロフィーとか日記とか）

③人の気持ちが込められたモノ（もらいもの、手作りなど）

①や②に関しては、本当に何度見てもうれしいものだけを残し、それは箱に入れてあります。問題は③で、これがなかなか悩ましいのです。

象徴的なのが、父が旅行のおみやげにくれた、オレンジの石を使ったブローチ。安物っぽいしデザインもなんだかな、で一度もつけたことがありません。でも小さいがゆえに生き延びていて、もう三〇年くらい持っています。見るたびに悩みます。

スーパー主婦の久間さんは「**もらってうれしかったことでそのモノの役割は果たしている**」といいます。もらったその時に感謝して気持ちを受け止めたら、そこで役目は終わっているのです。

自分があげる立場にたってみると、その気持ちはよりよく分かります。

手づくりであればそれが完成した時、あるいは**人に差し上げて感謝された時に、気持ちにはケリがついています**。むしろ差し上げた人が私の気持ちをはばかってとっておいたとしたら、赤面して「捨ててー」と叫んでしまいそう。特に恥ずかしいのは、いとこにあげた手編みのセーター。ローマ字で名前まで編み込んで……どうか捨てちゃっておいて欲しい。

モノは、モノでしかない。原子の集まりです。問題は、それに意味をつけて念を込めてしまう心です。今の自分のために、過去となった心に感謝をもって別れを告げることも必要なんですね。

と、ここまで言いながら、結局ブローチはまだ処分していません。思春期には口さえきかなかったこともある父でしたが、旅先で一瞬でも私のことを考えてくれた証みたいなものが、私の支えになっているのかもしれません。

久間さんは、自分の心と徹底的に対峙して決めるのであればそれでいい、と言います。

ある友の会の方は、五〇代、六〇代と年を重ねていくに従い、少しずつモノを減らしていっているそうです。住む家も狭いところに引っ越し、より少ないもので丁寧に生活を送るようにしています。そしてきっと最後は、ほんの少しの生きた証だけ残して死んでいく。ひとつの素敵な生き方だなと思いました。

思い出の整理は、気力体力が充実しているうちでないとできません。歳をとってから、過去のモノたちに埋もれながら過ごすか、身軽になっていくか。今の生活が今後につながっていくわけですから、どこかで、モノを通して自分の人生に向き合わなくちゃ、と思います。

「時間がないって思うでしょ？
でもね、時間って、あるんですよ」

第三章
人生が心地よくなる時間管理術

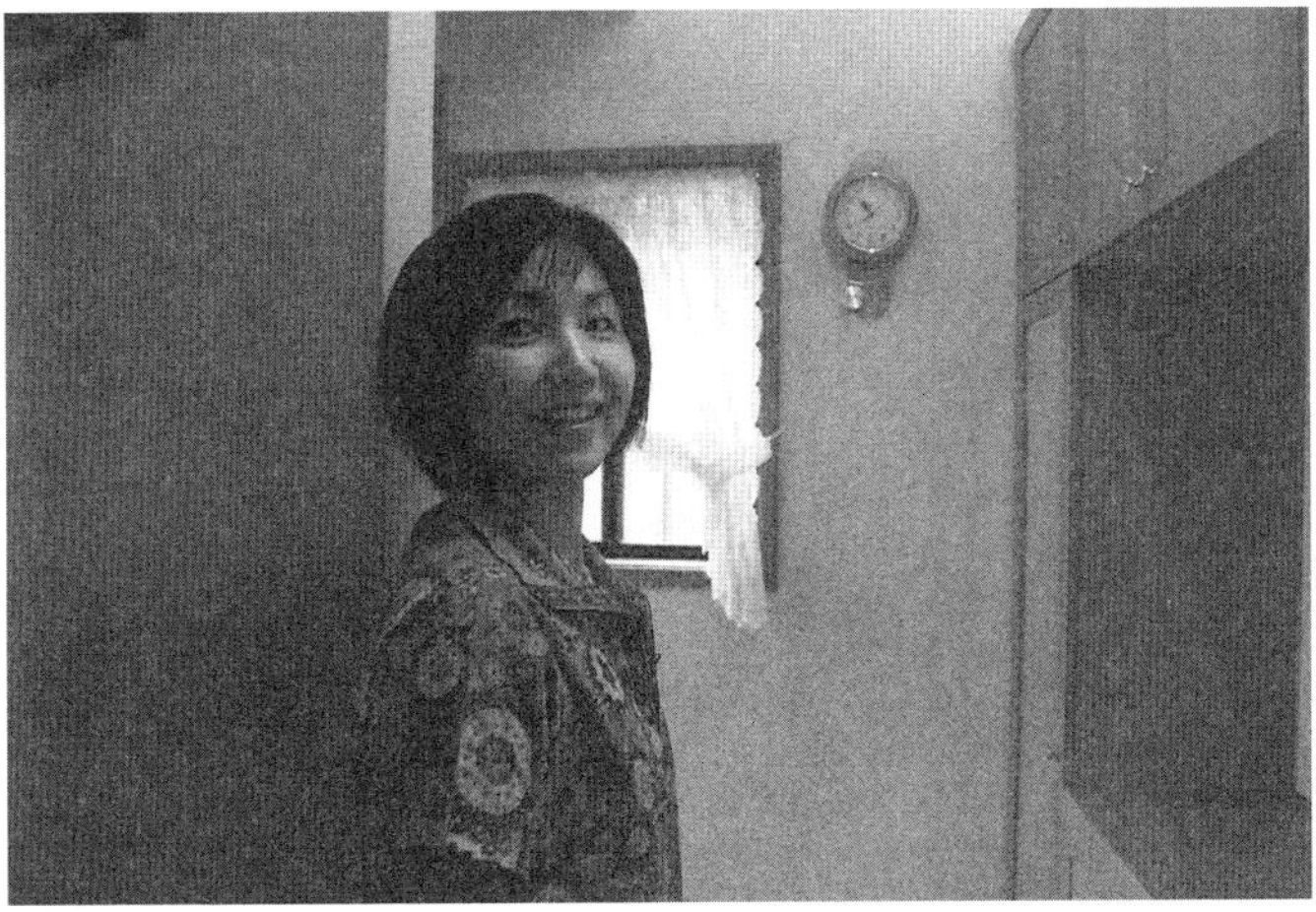

時間を有意義に使う達人スーパー主婦・井田典子さん

忘れる技術

私はよく「ああ、時間がない、どうしよう」と真っ青になります。何日何時までに、これだけのことをしなければならない、でも出来そうにない！　あの気持ち、いやなものです。

だからといって、本屋さんに並ぶ時間管理術を謳った本などをチラ見しようものなら反発。

「時間を有効に使うためにこの時間はコレ、この時間はコレとやっている時点で、時間に支配されてるのよ！　私はやりたいときにやりたいことをやりたいのよ！」

そんな私でしたが、ある時スーパー主婦の井田典子さんに言われた言葉をきっかけに、時間のとらえ方を見直すことになりました。

「時間がなくてあれが出来ない、これも出来ないって思うでしょう？」

「思います、思います」

「でもね、**時間って、あるんですよ**」

井田さんは、三人の子どもを育てながら、家はいつもスッキリ、家族の食事も美味しい手作り、と主婦業は完璧。仕事は自宅での塾講師、さらに友の会の活動や東日本大震災の被災者支援のボランティアもこなしているのに「忙しいと感じたことはないですね」とおっしゃるスゴイ方。

その方が断言するんです、時間はあると。ではどうして、私には時間が無いの？　時間泥棒がどこかにいるの？

井田さんによると、時間泥棒は自分が呼びよせているんです。恐がりな人に霊が寄ってくるとよく言いますが、**時間泥棒が寄ってくるのは……「今」に集中していない人**です。

どんなに忙しくても、今に集中していれば忙しくない。だって、身体は一つ。今できることも一つ。それに集中できずに未来のことを不安に思ったり、過去のことで後悔しているから頭の中が忙しくなっているだけ。本当に忙しいんじゃなくて、意識が忙しいのです。

〈約束に間に合わせるためには一〇時までに家を出なくちゃ。で今日は会議もあるから、企画をある程度作っておかないと。あら、冷蔵庫にカツオがないわ。これで料理を作って企画書に反映させようと思ったのに。夫が食べやがったわね。ああ、企画を考えるのってイヤ。まともに出来てないの出したら、さすがに怒られるんじゃない？　クビ？　あっもう九時、化粧もしとかなきゃ。適当でいいか下地抜きで。でも今日会う人初対面だし、手を抜く姿勢が見透かさ

れて非協力的になっちゃったりして。この間だって……あー、時間がない！　企画どうすればいいのよ！〉

これはある日の私の頭の中ですが、確かに忙しすぎます。でも客観的にその姿を観察すると、化粧下地のチューブを片手に冷蔵庫まわりをうろうろしているだけ。実質、何も進んでいません。やるべきことがあるのに、無駄な時間になってしまっています。

井田さんは言います。「近い将来にしなければならないこと、憂鬱なこと、緊張すること、そんな未来を一気に引き寄せてしまうから、今が大忙しになっちゃうんです。頭で作り出した実体のない未来のために、大事な今を犠牲にしているんです」

だから**時間を上手に使うためには、今すべきでない未来のことはすっきり忘れる**べきなのです！

でも、本当に忘れてしまったら、これまた大変です。ここでお勧めするのが、井田さん直伝のとっておきノウハウ、「カレンダー作戦」。

忘れてはいけないことを必ず、決めたカレンダーに書き込むのです。もちろん、手帳でもかまいません。できれば一ヶ月分が一目でわかるものがお勧め。

多くの方が普通にやっていることかもしれませんが、この「カレンダーに書き込む」という行為を、忘れるためのものだと自覚することがポイントです。

注意すべきは、書き込むのは件名くらいにすること。細々と注意事項や持っていくものなどを書いて賑やかにするとポイントがうずもれてしまい、忘れる不安がよみがえります。

その予定の詳しい内容が知りたければ、チラシやプリントなど、これで確認すればいい、と安心できるものを、これも自分で決めた「未決」引き出しのような場所に放り込んでおきます。

紙類の整理にも役立つとご紹介した方法ですが、気持ちの整理にも役立つんです。

カレンダーに書いたら、心の底から忘れましょう。そうすれば、今やることに余計な雑念が紛れ込むことがなくなります。

これ、ほんとにいいです。慣れてくると、少し先のことでも、早く忘れたくてすぐにカレンダーに書き込むようになります。

運転免許の更新など、日にちがこれと決まっていない予定でも、あとで変更になってもいいから、とりあえず自分で「予定の置き場所」を決めてしまいます。そのクセが付くと、忘れることもないし、また、お知らせがどこかに出しっぱなしで散らかることもありません。

井田さんは、スーパー主婦としてスタジオに生出演をお願いした時、全くの初体験でした。だから、生放送のその日のことは、そうとう不安だったんじゃないかと思います。「ただの主婦なのにどうしましょう。テレビでもの申すようなプロじゃないんです、本当に」と事前に打ち合わせしたときは涙目でした。

でも井田さん、カレンダーに「あさイチ出演」と書き込んで、それについては忘れたそうです。本番のことをあれこれ悩んでもしょうがないからと。それより今出来る準備に集中しようと考え、私が依頼したものは、いつだってたちどころに揃えてくださいました。そして、本番も完璧にこなしたのです。

漠然と、最後に勝つのはこういう人なのだろうと思いました。なぜか山﨑さんの言葉が頭に響きます。「今を充実させないと。未来はその先にしか来ないんだから」

時間にも仕切りを。その方が自由

取材したお困り主婦Iさんが言っていました。

「主婦って時間割がないから、いくらでも後回しに出来る。そうしていくうちにいつの間にか時間が過ぎちゃってあれもこれも出来ていない。私ってダメな女、とへこみます」

わかります。働いている私だって、休みの日の黄昏時に必ず同じ事を感じるもの。でも、時間割のない自由な時間って、目の前にあるとすごく輝いて見えるのに、どうして過ぎ去るとどす茶色い固まりみたいになっちゃうんでしょう。

時間達人の井田さんがまた言い切りました。

「時間割がないのは自由でいいことと思いがちですけど、実は、**時間が決まっていない方が不自由なんです**」

一日二四時間、やるべき事はあるけれど、締め切りはない、いつしてもいいとなると、嫌なことはつい後回しにしてしまいます。ただ、それをやるまでは、頭のどこかでプレッシャーを感じていて、心おきなく楽しめていない。自由なようで、実は不自由なのです。

「**やらなければいけないことは自分で時間を決める。決めることで自由になります**」

井田さんは公園で子どもを遊ばせていても、昼寝の時間が来たら、どんなに子どもが残りたがろうが連れて帰ったといいます。ママ友からは「時間に縛られてる」「軍隊みたい」「疲れない?」などと言われたこともあるらしいですが、実はそれは逆で、「決めた」ことで心が楽になるそうなんです。

心が楽になれば、一つのことに集中できて、家事も仕事も効率が上がります。というわけで井田さんは、その仕事量の割には、にこにこ余裕で楽しそうです。

時間を決めたことは、子どもにとってもよかったそうです。「幼児は、一日を判で押したように決めた時間で暮らすと、本当に機嫌がいいんですよ。夕ご飯を食べたらきっちり二時間後にはコロッと寝てくれる。朝ご飯はぐずらず食べてくれる」

でも、自分で時間を決めるって、どうすればよいのでしょうか。予定を立てるのって面倒、と思っている人も多いでしょう。そういう方でも大丈夫な、簡単な方法を、井田さんは教えてくれました。

最低限、たったひとつの時間を決めるだけでいいんです。

本当は、友の会では決めて守るべき六つの基本時刻があります。

起床・就寝・朝食・昼食・夕食。

この五つは、まあ分かりますよね。これらの時間を決めて暮らす。でも、時間をひとつだけ決めるとしたら、これら以外の六番目の時刻なのです。それは、主婦には一番大事な時刻だといいます。

朝仕事終了時刻。

聞きなれない言葉ですが、意味は「朝すべき家事、掃除や洗濯、皿洗いなど、自分で決めたやるべき家事をこの時間までに終わらせる」という時刻です。

なぜこの時刻なのでしょうか。理由は、これが終われば、昼食の支度までの間、純粋に何をしてもいい至福の「ワタシ時間」が持てるからです。雌伏でも私腹でもない、至福です。やるべき事はやったというご褒美として本当に好きなことを満喫できる。一日の最初の方でそれを実感できるのがいいのです。

私は専業主婦ではないけれど、やってみました。実は「朝仕事」そのものを今までやってなかったという論外な状況でしたが、掃除をすることにしました。

フローリングモップでホコリをぬぐう。これを、朝起きてからBSで朝の連続ドラマが始まる七時半までに終わらせようと決めました。書いていてレベルが低すぎて情けなくなってきますが、これが不思議と半年続きました。

この朝仕事によって、家にホコリが舞うことがなくなりました。夫が作るフレンチトーストの朝食がより美味しく感じられました。朝ドラが楽しめました。そしてそのうちに、もしかして幸せって、こういう何気ないことを繰り返す日常にあるのかもとさえ思えてきました。

子どものいる家庭では、「夕食時刻」を決めるのもお勧めです。

なぜなら、子どもが学校に行くまでぐずぐずさせないでスムーズにもっていくには、朝きちんと起床できるようにする、そのためには寝るべき時間に寝る、そしてそのためには三時間前には夕食を食べておく。つまり、夕食を何時と決めていれば、すべてがうまく回っていくリズムを作れるというわけです。

時間を決めることで、予定にもだんだん遅れなくなってくると言います。

友の会では、一日二四時間を分単位で何をして過ごしたかを一週間記録する「生活時間調べ」というのが五年に一度あります。そして、全国の主婦の時間の過ごし方の統計を出しています。

すると、六つの基本時間を「決めている」人の方が、「決めていない」人よりも、どの行為も早い時間に終わらせていることがわかったそうです。

「人間の体内時計って一日が二五時間でしょう?　でも一日は二四時間だから、基本時刻を決めないと段々と遅れていっちゃうんです」と井田さんは言います。

そうは言っても、夫の帰りが遅いのに待っていなきゃならない、といった事情もあるでしょう。しかし、それでも井田さんは断言します。

「主婦は夫の不規則な時間に合わせてはいけません。食べるべき時間に食べる。寝るべき時間に寝る。**家族のために、主婦が時計になるべき**なんです。時には、《主婦、本日は終了しました》とプレートを立てて先に寝てもいいくらい」

ママが時間に振り回されて、むすっと遅くまで起きているより、「ママは必ず七時にはご飯を作っている」「九時には家を片付けている」「一一時には寝ちゃってる」のほうが、家族が安心できるし、心のよりどころにもなるのだと。

時間が決まっているから、自由な時間を楽しめる。意外でしたが、井田さんを見ていると納得です。

五分は意外と長い

面倒なことってたくさんあります。でも、それをやらないと快適には暮らせません。

お困り主婦Iさんは、子どもを送り出した後、つい朝食の食器洗いを先のばしにしてしまい、昼が過ぎ午後が過ぎ、結局夕ご飯の準備をする時に食器を洗うことになるといいます。そんな自分にげんなりするものの、嫌いなことはなかなかできないもの。

「ひと仕事にどれだけ時間がかかるか、計ってみるといいですよ」とスーパー主婦に言われて、Iさんは計ってみました。

食器洗い、六分でした。

あれ？　これまで、あと一〇分しかないから無理だ、とやらなかったけど、一〇分あれば余裕で出来るじゃないか、とIさんは気がつきました。それからは、「ドラマが始まるまで八分あるから洗っちゃおう」と思えるようになりました。そして、六分で出来るとわかったら、そんなに大変なことのようにも思えなくなったのです。

人間、**嫌なことにかかる時間は、多く見積もってしまう**ようです。実際にかかるよりも、大変だというイメージが膨らんでしまって、〝スキマ時間〟にやってしまおうという発想になりません。

でも、**スキマ時間に出来ることって、実はたくさんある**んです。ぼーっと過ごすよりも、「五分で出来ること」の持ち玉を数多く持っていれば、やるべきことがどんどん出来るように。そしてそんな自分に自信がついてきます。

不安なことや好きじゃないことは、意識の中でどんどん大きくなっていきます。時間を計ることは、その化けの皮を剝がします。そうやって「見える化」することが、自分の意志で時間をコントロールできるようになるコツなのです。

金の時間

井田さんは、**朝の時間を「金の時間」と呼んでいて、エネルギーの要るハイレベルな「金の仕事」にふさわしい時間**だと言います。

これは、羽仁もと子さんの「金の頭脳《あたま》で金の仕事をしたい」という言葉を、井田さんが生活の中で実践しようとしてたどり着いた結論です。

確かに、朝目が覚めた時が、頭が一番スッキリしていて、難問に向かう力があるというのは、脳科学でも言われていますよね。

眠りって偉大です。寝る前までのごちゃごちゃした懸案事項も、整理して解決しやすくしてくれます。そんな眠りの力を利用しない手はありません。

「朝活」という言葉が一時期話題になりましたが、皆さん朝活していますか？　スポーツクラブで汗をかいたり、読書を楽しんだりしているでしょうか。

スーパー主婦たちを見てきて、時間を有効に使うための朝活には、ちょっとしたコツがあると気がつきました。頭を使うことをした方が絶対いいということです。もちろん、ジョギングでもヨガでもいいのですが、何をしていても、朝はいいことを思いつく確率が高いからです。


それまでの私の価値観は、「朝寝坊ってしあわせ」でした。だから、夜に頑張っていました。翌朝少しでも余裕を持ちたいからと、眠いのを我慢して真夜中に番組の構成を書こうとしたり。でも、頭の中が堂々巡りでちっとも効率よくありません。五時間もやってるのに全然出来ない……やけくそで寝てしまい、早起きして必死でやった方が集中できて二時間で終わった、なんてこともよくありました。

休日は、最大の幸せ「朝寝坊」を実践、午前中はうだうだと過ごし、その日じゅうに済ませなければならないことも後回しに。そして夜になると感情的になり、理性的にやるべき事はできません。「夜別れ話をするな」と言いますが、何度したことか。そして何度悲惨な結果になったことか。朝日の下で思い起こして「なんであんなこと」と、ドラマチックに自己陶酔してしまった自分に自己嫌悪です。

スーパー主婦が、**「午前中が充実しているかどうかで、その日の満足度が違う」**と言うので、私のさえない日々は朝の時間を無駄にしていたせいかと思い、思い切って朝型に挑戦しました。

六時起床という、世間の人から見たら特に早くもない時間かもしれませんが、起きて朝ご飯を食べて早めに活動を開始します。すると、夜一〇時半にはもう眠くなってしまい、夜はくつろぐことしかできません。

それでいいのだ、とスーパー主婦は言います。

午前中は「金の時間」、午後は「銀の時間」、そして夜は「鉛の時間」なのだそうです。銅じゃなくて、いきなり鉛ですからね。頭が重くなり、ほんとに何も出来なさそうに聞こえます。

そんな鉛の時間には、考えなくても出来る作業的なことをするか、休んだほうがいい。鉛の時間に鉛の仕事をすれば、その結果は金となるというのです。

それが、自分の力を最大限発揮できる時間の使い方。

私の仕事は、放送前になると深夜帰宅や徹夜が当たり前、な状況になるのですが、今は、私は勇気を出して寝ます。編集マンが働いている後ろで申し訳ないけれど、椅子を二つ並べて横になり、車輪付き椅子なので金魚運動のようにくねくねしちゃっても、くじけずに寝ます。

そして、寝てもなんとか番組は出来上がります（編集さんありがとう）。逆に寝た方が、短時間でクオリティがアップするように思います。

集中しやすい時に集中しようということですね。今では朝寝坊の幸せより、夜に大好きなあられを食べながらくつろいで寝てしまう幸せをこよなく愛しています。

一石二鳥の落とし穴

歩いているうちに忘れてしまって、「あれ？　何しにここに来たんだっけ」と思うことありませんか？　私はよくあります。

友の会で大事にされているスローガンの一つがこれ。


「ひと仕事　ひと片付け」

正しい使い方は「使ったら元に戻しましょう」ということのようですが、時間を上手に使うという観点からも使えるフレーズです。つまり、**物ごとをひとつ片付けてから次へ行こう**ということです。

「いつの間にか時間が過ぎちゃって」というお困り主婦Iさんのお宅に定点カメラをセットさせてもらい、午前中の過ごし方を観測しました。そこであぶり出された彼女の行動とは――。

ママ友に持って行くお菓子を作るために生地を電子レンジにセットしました。その間に昨夜取り込んだ洗濯物をたたんでしまおうと思ったのか、テレビの前に陣取り、テレビを見ながらたたみ始めます。そして何かを思い出したのか今度はノートパソコンを取りに行き、動かし始めました。生協への注文らしく、カタログも取りに行って検討しています。そのうちピピピと電子レンジの加熱終了の合図、あわててお菓子作りに戻ります。そして洗濯物も生協の注文もそのまま忘れられました。

このIさんのお宅を訪れた井田さんは開口一番、「今、何をしてらっしゃったかがよく見えないお部屋だなというのが第一印象ですね。いろんなものがやりかけかな、今もなにか途中かなという印象を受けるんですけど」なんて見破っていました。

一石二鳥とばかりに効率を求めて、ながら仕事や並行仕事をするよりも、**一つ一つやることを終わらせていく方が時間のムダが減る**、と井田さん。その理由は、

①集中出来るのでミスが減る

一つのことを集中してやった方が間違いがなくなり、ミスによる時間のロスも防げます。

②移動時間が減るので消耗しない

二つのことを並行してやると、その間を移動する（物理的にも心理的にも）時間が余計にかかります。その移動の間に横道にそれる危険性も。

③二度書きの無駄時間がなくなる

Aを一〇〇やれば終わるのに、六〇までやって途中で一度Bにとりかかると、Aに戻って再開した時には六一からできません。五五あたりからおさらいをしてでないと始められないのです。

井田さんの指導を受け、Ｉさんは変わりました。「今まで勘違いしてました。一度に何個も出来るのがすごいと思っていたけど、一石二鳥を追いすぎると結局終わらないんですね。落ち着いて一個一個終わらせていくほうがずっといいみたい」

一つのことに集中して終わらせると頭がスッキリして、次のことにとりかかれます。頭の中は、常にリセットをかけた方が働きがよくなるみたいです。

たしかに、どんなに小さな事でも、一つのことを**「完了させた」という達成感は、次へのモチベーションをもたらしてくれます。**「私はやれることはやったぞ」という気持ちになれて、自己肯定感も高まるように思うのです。

「それをいつやるか」で全然違う

「不安はなるべく早く解消したい」というへたれな理由で、仕事に関してだけはなるべく先に、先に、出来ることをやろうとしていたら、ある時気がつきました。

際限がないのです。先に色々やったからと言って後で楽できるわけでなく、むしろ先に色々やったことで次々と新仕事が発生することがわかり、損した気分です。

でも、先にやると得すること、気持ちも効率もアップすることも、ちゃんとあるんです。特にキッチン仕事。友の会の皆さんは、これを**先手仕事**と言っています。

先手仕事といえば、スッキリ美主婦の井田さんの得意分野。冷蔵庫を見せていただければわかります。冷蔵庫の中身が「美しい」というのもピンとこない表現かもしれませんが、本当に美しいのです。容器に分けられた食材が一目瞭然に並んでいます。

そんな冷蔵庫を実現可能にしているのが、先手仕事というわけです。

例えばジャム。意外と賞味期間が短い上に、途中で飽きてしまいがちではないでしょうか。井田さんはお徳用の大瓶を買ったら小さい瓶に一週間ぶんくらいの量を移して、他は透明カップに小分けして冷凍庫に。

ジャムには砂糖が入っているので、冷凍しても固まらないんだと聞いて私もお困り主婦も内藤アナもびっくり。こうすれば、余ったジャムが入った巨大な瓶が冷蔵庫に幅をきかせたまま、気がつけばカビが生えていたということはありません。

ここで注目してほしいのは、井田さんはこのジャムの小分け冷凍作業を、「これは使い切れなそうだな」と思ったから実行するのではなく、買ったその日に開封してともかくそうしてしまうのです。

そう、井田さんは、**買い物から帰ったその時に、色々とやってしまいます。**どうせ料理するときにやるのならば、このタイミングでまとめてやってしまう。**そうすることで、気持ちが楽になるし料理の効率も上がる、それが先手仕事です。**ほかにもいくつかの例をお伝えしましょう。

・鶏肉

鶏肉はもも肉二〜三枚を、まるごとガス台についているグリルに皮を上にして入れ、一〇分間ほど火を通します。その時点でレシピを決めているのかと思うとそうではなく、決まっていなくてもこうします。

グリルを覗くと、脂がぽたぽた垂れています。こうしておくと余分な脂を抜くことが出来るし、料理をするときに短時間で味がしみるようになるのだそうです。

火を通した鶏肉はファスナー付き保存袋に入れて冷凍。まるごと冷凍した方が持ちがよくなります。使う時は解凍して切り、照り焼きや唐揚げなどに料理することができます。

・細長いもの

細ねぎは全部小口切りにしてしまいます。こうすれば冷蔵庫の奥にしなびているのを発見することはなくなるでしょう。その際、においの移らないガラス製の容器の底にキッチンペーパーを敷いて、そこに詰めて密封します。冷蔵庫で一週間くらいは傷まず、すぐに使えます。

ちなみに、長ネギの白い部分も小口切りにして、こちらは冷凍します。


長いままで保存しておきたいときには、ペットボトルで作った容器を活用します。

ペットボトルを口近くの細くなりかけたところで切り、上を取り除きます。そして別のペットボトルの底から一〇センチほどを切り取ってふたにします。そうすると、ペットボトルのくぼみが合わさって気持ちよくカチッとはまります。これでラップなしで密閉できて、冷蔵庫の野菜室に立てて保存できます。

ごぼうも買ったら全部洗って、皮はついたまま、この容器に水を張った中につけておくと持ちが良くなるそうです。

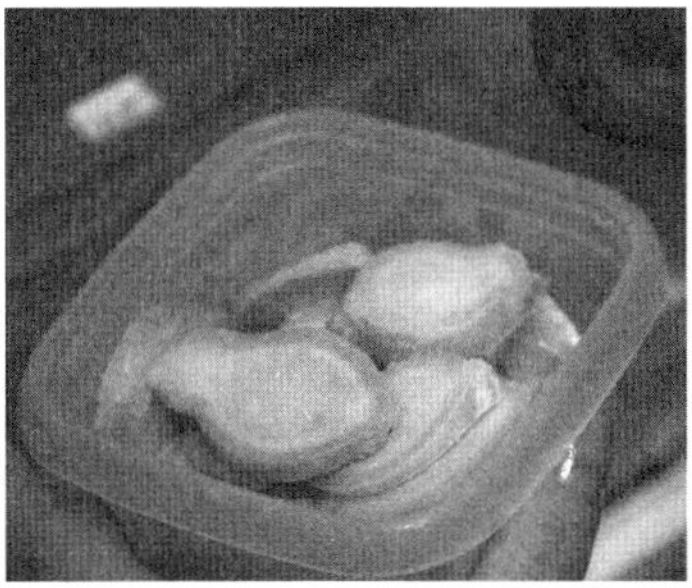

しょうがは5ミリ幅にスライスして冷凍

ペットボトルを2つ組み合わせた容器
ごぼうや長ネギに最適

・しょうが、にんにく

しょうがは買ったその日に全部五ミリ幅にスライスし、ポリエチレンの保存容器に入れて冷凍庫へ。一かけがこれくらいの大きさだと、冷凍したまますり下ろせるし、細かく切るのも楽にできます。最初から全部みじん切りにして冷凍するのはさすがに大変なので、この大きさに落ち着いたそうです。

ちなみに、にんにくは皮をむいておいて、丸ごと冷凍。固くならないので取り出してすぐ切れます。

・キャベツ

キャベツは丸ごと買ってきます。縦でなく横に二等分して、上半分の葉ばかりの部分は生食用としてすべて千切りにし、重量比一%の塩を振って保存袋に入れて冷蔵。サラダやスープにもすぐそのまま使えます。

下半分の芯や筋のある方はポトフなどの煮込み用として、ざっくり切ってファスナー付き容器に入れて冷蔵します。

・緑の野菜

続いてブロッコリー。一つごろんと買ってきたら、全部小房に切ってしまいます。浅い鍋に少量のお湯を沸かして塩を入れ、順番にブロッコリーを半身浴させてころがして茹でます。固めに茹だったら、ここがちょっとしたポイントなのですが、茎の部分を一つずつ持って振ります。蕾の裏側に意外と水が残っているのでこうして水を切っておけば、持ちが全然違うんだそうです。

そして百円ショップによくある、細長くて中にすのこがついている保存容器に入れて冷蔵庫へ。こうすれば三〜四日、いつでも取り出してすぐ、いろいろな料理に使えます。

この「**最初に全部茹でて、すのこ付き容器で保存作戦**」ですが、ほうれん草や小松菜にもお勧めです。二束買ったら二束全部、固めに茹でちゃいます。こうすれば、使うたびに茹でなくてもすみます。

・野菜、根菜

大根やにんじん・たまねぎ・トマト・かぼちゃなどは、全部一緒にざぶざぶ洗って、へたをとるなど、すぐに切って使える状態にします。かぼちゃは種を取り除いておくと栄養が取られずに長持ちするそうです。

これらを、底にすのこがある保存容器に。密閉されるので乾燥を防ぎ、すのこが水分を切るので傷むのを防ぎます。

このすのこ入り容器、かなりお問い合わせが殺到しました。ホームセンターで買えるのです

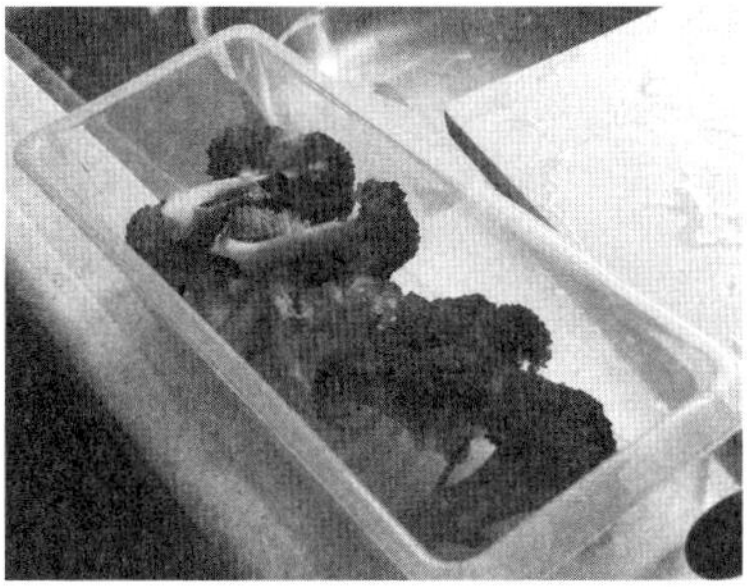

ブロッコリーやほうれん草は
茹でてすのこ付き容器へ

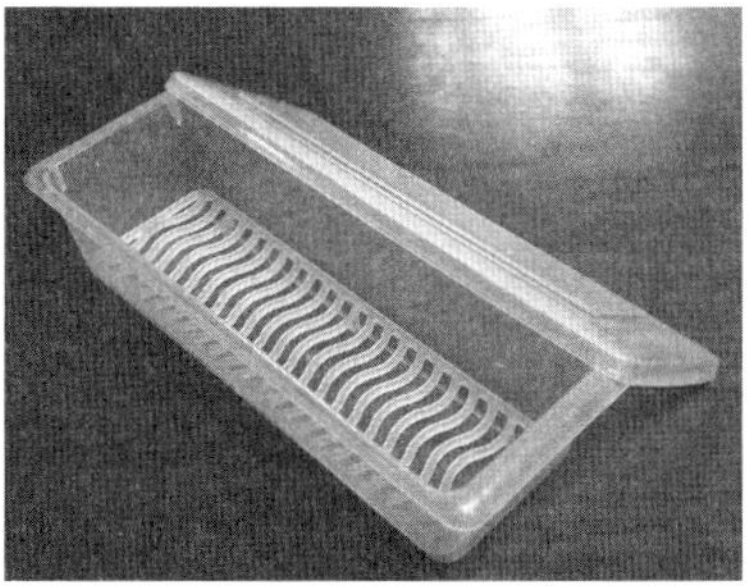

野菜保存に重宝する
「すのこ付き保存容器」

が、キッチン用品でなく収納用品や日曜大工売り場にあることが多いようです。それを冷蔵庫の野菜引き出しに入れようと考えつくところがすごいです。

へたや皮をとり、すぐに使える状態にしてすのこ入り容器へ

ふたがついているので密閉され、出し入れも簡単

・きゅうり、パプリカ、かぶなど

これらの野菜は大きめの乱切りにして、調味液（酒2分の1カップ・水2カップ・塩大さじ1・とうがらし1〜2本を合わせて沸騰させて冷ましたもの）をまんべんなく掛けて漬け込みます。半日程度で食べ頃になります。

そのままおかずにしてもいいし、細かく切ってサラダやスープなどに入れても美味しく頂けます。こうすればいつでも野菜が食べられます。

・さといも

これは食のスーパー主婦岡崎直子さんに教えていただいた先手仕事ですが、買ってきたら袋から全部出して洗ってしまい、ざるに載せておきます。冷蔵庫に入れなくてもいいものなので、キッチンの片隅でこのままに。

こうしておくと、いざ使うときに皮をむいても不思議とぜんぜんぬるぬるしないんです。

などなど、こんなことを井田さんは、三日に一度の買い物から帰ってきた時にやってしまう。買い物から帰った直後の一時間は、気持ち的に勢いがあるので効率的に出来るんだそうです。

こうした**先手仕事のおかげで、毎日の夕ご飯の支度は三〇分以内ですむ**といいます。

これは、単純に作業の時間が省略できたからだけではなく、気持ちの問題も大きいように思います。

あとは切って焼くだけという状態で食材が待機していると、夕ご飯をつくらなきゃというおっくうな気持ちをあまり持たずに、テキパキと料理に取りかかれます。

そしてもう一つの利点は、私にはこれがとても魅力的なのですが、冷蔵庫がスッキリすることです。

井田さんの冷蔵庫には、使いかけの野菜が袋や紙をまとって詰められている姿は見あたりません。目に入るのは種類ごとに整然と容器に入って並んだ食材たち。

井田さんは、**「目が忙しいと、頭も忙しくなる。頭が忙しいと、時間が無駄になる」**と言っていました。

そして、買い物に行く直前の冷蔵庫は、開けると真っ白！　無駄なく使い切っているのでガラガラで、目に入るのは奥の壁のみ。だから井田さん、三日に一度の買い物に行く前には冷蔵庫の内側の壁を重曹水できれいさっぱり拭き上げることが習慣。これが気持ちよくて心洗われるそうです。

冷蔵庫を三日に一回拭き上げる、しかも気持ちよく……想像がつきません。

井田さんはたびたび、私はスーパー主婦なんかじゃない、マメでも器用でもないし、むしろそうしたことが苦手だから先手仕事をしているだけだ、と訴えていました。

はじめは謙遜だと思って信じていませんでしたが、どうやらそれは本音らしく、確かに面倒くさがりかもしれないことがわかってきました。だからこそ、面倒をなくすために最大限の努力をしているのです。

そして、私と一番違うのが、時間と気持ちの関係を上手に利用しているところです。

例えば、こんな具合です。味噌汁のだしに煮干しを使う時、毎回頭とはらわたをちぎって水に入れ、火をつけて沸かしてそれを取り出し――というのがよくあるやり方だと思います。

ところが井田さんは、あらかじめ、四角いインスタントコーヒーの空き瓶に水を入れ、頭とはらわたを取り除いた煮干しを家族の人数分（一人につき三つ）投入、それを冷蔵庫のドアポケットに入れておきます。味噌汁を作る時は、その瓶を冷蔵庫から取り出して鍋に入れ、人数分の量になるまで水を足して沸かします。

だし汁が入っていた瓶には、また新しく水と煮干しを入れ、再び冷蔵庫へ。

（インスタントコーヒーの四角いフタ付き瓶は、密閉できるし、冷蔵庫のドアポケットにぴったりで使いやすくお勧めです）

煮干しの頭とはらわたを除いて水につける、おこなう動作は同じなのですが、「さあこれから食事の支度」という時にやるよりも、あらかじめしておいて使うときに取り出し、ぱっと鍋に入れて火にかけられる方が、食事の支度に向かう気持ちを加速させられます。

イライラ時間をなくすワザ

この世で一番ムダな時間があるとすれば、それはイライラする時間じゃないでしょうか。

実は、スーパー主婦の皆さんがイラッとした所を、私は見たことがありません。ずいぶん無茶ぶりやごり押しもしたはずなのですけど。

なぜだろうと考えていて、思い当たったことがあります。

スーパー主婦たちは、家にある道具や洋服の数を数えたり、一日二四時間の行動時間を書き出してみたり、家計簿をつけてお金の出入りを記録したり、ともかく何でも文字や数字にして、それを客観的に俯瞰した目で見ることで、現状を把握するクセがついているんです。だから、自分の気持ちについても、客観的に見ることができ、それに取り込まれないですんでいるのではないでしょうか。

以前取材した心療内科の先生に、ストレスを減らすワザを教えてもらったことがあります。

ストレスは、自分の心の持ちようによって大きくなったり小さくなったりするそうです。

例えば、あまり好きではない人が何かに成功して、得意気に自慢してきたうえ、あなたのことをバカにしたとします。その時、一番ストレスを感じないですむ対処法はどれか。

①私は怒っていないぞ、と言い聞かせる

②まったく違うことを考えたり、遊んだりして、怒りの感情を忘れるようにする
③ああ、私怒っているな、と自覚する

答えは③。①や②のように、押さえたり無視したところで、その感情が収まることはありません。むしろ、感情が「ここにいるぞ！」と反動的に主張し出すのだそうです。

でも③のように、**自分の感情を客観的に観察すると、感情そのものに飲み込まれない**のだといいます。

この場合は、「私、今ムカッとした。そりゃそうよね、そんなこと言われれば怒りたくなるわよね」というスタンスに立つのです。そうすると、あら不思議、怒りそのものが収まっていきます。やってみて本当にそうなったので、私も最初は驚きました。怒りも、認めてもらうと満足して成仏するのでしょうか。

こういうふうに**客観視して考えるクセがつけば、イライラする時間がかなり減ります。**で、そのクセをつけるための、とっておきのおまじないがあります。

早稲田大学人間科学学術院の熊野宏昭教授が考案した**「トカンガエタ」思考法**です。

何か怒る原因があって、怒り出したとします。怒る時はたいてい頭で言葉を発しています。そこですかさず「～と考えた」を付け加えるのです。

「なんで私がバカにされなきゃいけないのよ！　～と考えた」

「ひどい！　どうして私だけこんな悔しい思いをしなきゃいけないの？　～と考えた」

こうしてみると、やり場がないぐらい膨れ上がっていた怒りが、少し小さく見えてきます。そして、怒りそのものも収まってくるのです。

これはイライラに有効ですが、不安に対しても有効だと最近気がつきました。

「どうしよう！　何も出来ていない、明日までなんてとても無理！　～と考えた」

そこから建設的な思考に移行できます。

心の不安やイライラなどのマイナス感情は、時間泥棒の最たるもの。これが減ることで、時間も有効に使えるようになることは確かです。

何が「ムダ」な時間か？

見ない時にはマメにテレビを消す？　そこまでキュウキュウと生活したくない。

百円ショップに行ったら目的外のモノでも、数個くらいなら何も考えずに買ってしまう。こういう気持ちの余裕は大事だと思う。

家事を効率よくこなして一五秒短縮されてもたいした得にもならないわ。あくせくするよりゆったりした気持ちを大事にしたい。

これらは、私がよく口にしていた台詞です。車のハンドルに遊びがあるように、余裕は必要。細かいことを気にしてギスギスした人間になりたくないので、「ムダをなくそう」と聞くと反発したくなるのです。

でも、スーパー主婦たちの暮らしに触発され、見よう見まねでやっているうちにわかってきました。ダメ主婦の最右翼である私がこんなこと言うのが我ながら驚きですが、

一円を笑う者は、百万円もムダにする。
一五秒を無視する者は、二四時間も有効に過ごせない。

例えば――

郵便物をポストから持ってきて、封を開けるハサミを引き出しを開けて捜して、一五秒。

郵便できた自動車税の振り込み用紙の置き場をどうしよう、忘れないようにするには、とりあえずファックスのトレイに落ち着くまでに、三〇秒。

不要な封筒やお知らせ用紙、資源ゴミで捨てたほうがいいけどそのゴミ箱がないな、いいや燃えるゴミで、で一五秒。

全部で一分かかったとします。

では、これをスッキリさせましょう。まずはハサミを、引き出しの一番手前に牛乳パックで

仕切って立てておけば、一秒半で取り出せます。封を開けて、自動車税の支払い通知だから「未決」ラベルの貼ってある引き出しに放り込み、カレンダーの月末に「自動車税」と書き込む。いらない封筒やお知らせ用紙は、紙ゴミ置き場と決めた引き出しへ。ここまで全部で一五秒ですみます。四五秒減りました。

一生のうちの四五秒得したからって、と思いますよね。私もはじめは思いました。でも、この四五秒は、迷ったり、ちょっといらついたり、嫌なことを思い起こしたりしてしまう四五秒なんです。こうしたネガティブな時間は、たとえ短くても、やる気を削ぎ、気力を蝕むことで、知らず知らずのうちにほかの時間に影響をあたえます。あなどれません。

このようなネガティブな時間を少しずつでもなくしていけば、**自分にとって本当に大事にしたい時間を充実させられる**ようになっていきます。

スーパー主婦たちが家をスッキリ整理するのは、モノが多かったり片付かなかったりすることで生まれるネガティブな時間が、大切な時間をムダにしてしまうことを防ぐためだったのですね。

井田さんは、スケジュール表の予定を上手にやりくりして、いかに効率的に多くの予定をこなせるかを目指したわけではありません。それぞれの時間をスッキリした意識で過ごすことを心がけた結果、時間の使い方が上手になっていたのです。

「落とし方さえ知っていれば、
どんなに汚したっていいのよ」

第四章
いつでも人を呼べるゴキゲンな掃除

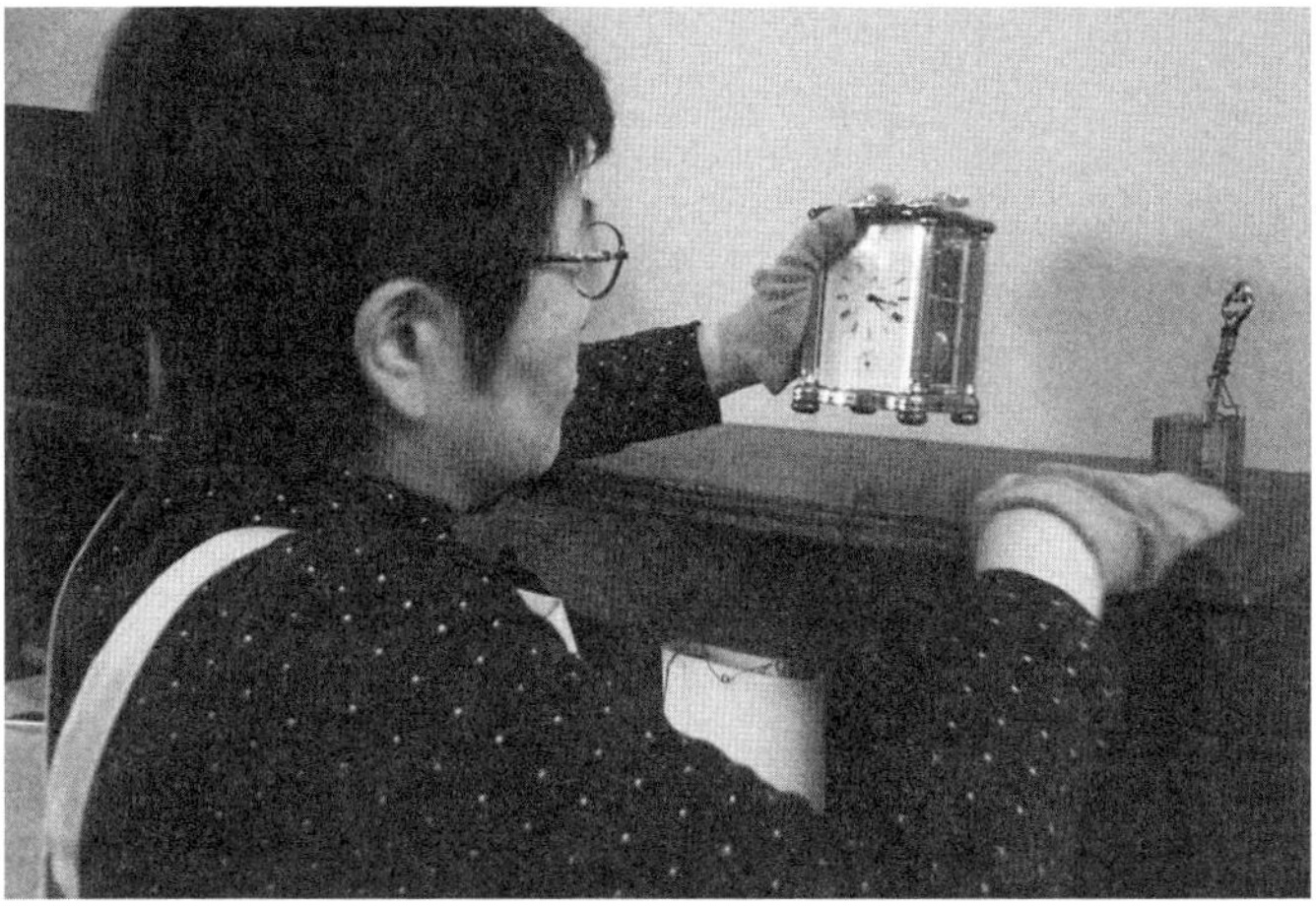

スーパー主婦・山崎美津江さんが数々の掃除ワザを伝授

キレイをキープできる秘密

一念発起して家の中を整理、インテリア雑誌をお手本に美しく収納してみても、どこかで「これ、いつまでもつんだろう」と思ってしまいませんか？

あるいは、ぐちゃぐちゃの「汚宅」が、達人によってみるみる美しくなり、住人が感謝で目をうるませているテレビ番組を見て、「どうせ一週間もすれば元の木阿弥よ、この人」なんて毒づいてしまいませんか？

それは、もっともな反応です。なぜなら、**散らかる、汚れるのはこの世の宿命**だから。

中学生の頃、「この宇宙は〝エントロピー増大の法則〟に支配されている」と本で読んで、私は妙に感動したのでした。

エントロピーとは乱雑さ、無秩序のこと。つまり、この世のすべては、どんどん乱雑に、そして無秩序になるようにできているわけです。そうか！

「だから私の部屋は自然に散らかっていくんだね」

国語の教師で堅物の父にそう言ったら、「自分の部屋が汚いことを正当化するんじゃないっ！」と叱られました。

それから三〇年後、「エントロピー」という単語が、久々に私の耳に入ってきました。それも整理収納と掃除の達人スーパー主婦、山﨑美津江さんの口から。

「家の片付けだって、エントロピーの法則を理解しないとダメ。生活していくということは、散らかる、汚れることなのよ」

あまり驚かない私に、山﨑さんがたたみかけます。

「あたりまえと思うでしょう。でもみんなそれを本当にはわかってないのよ。だから散らかるの！」

どういうことかというと、**モノは散らかる、部屋は汚れるという前提のもとに整理収納や掃除をしないと続かない**ということです。

私はそれまで、整理収納や掃除の目的には美しい完成形があって、それをキープしなくてはいけないのだ、と無意識に感じていたようです。

ところが実際、散らかさない、汚さない生活は至難の業。山と積まれた片付かないモノたちや、ふんわり舞い上がるホコリの固まりを、脂汗流しながらにらむ日々でした。

そう、私はエントロピー増大の法則の前に敗北したのです。言葉だけ知っていてもダメだったのね。

山﨑さんは違います。この宿命を理解した上で立ち向かいます。

つまり、どうしたら**一定以上のキレイな状態に、いつでも楽に戻せるシステムを作れるか**を考えています。

下り坂を転がろうとする石を、頂上でずーっと支えていると、他に何も出来なくなります。かといって、転がり落ちるのを無視していると、頂上にまた戻そうにも大変すぎて嫌になる。

一番いいのは、転がり始めた石を、まだ比較的高いところでぱっとキャッチして、もとに戻すこと。そうすれば負担が少なくてすみます。

散らかる、汚れるということを受け入れた上で、どう簡単に戻すかが、整理収納と掃除の極意なんです。

……と力説したものの、実際、どうすればいいのでしょうか。

整理収納は、置き場所を決めて、元に戻しやすくすることでした。

掃除は、使ったらキレイにする、を心がける。

そのためには、**汚れのタイプを知って、楽に落とす方法を知る**ことから始めます。

山﨑さんの言葉が腹に響きます。

「落とし方さえ知っていれば、どんなに汚したっていいのよ。キッチンで豪快に天ぷらを揚げたっていいの。その方が気持ちいいでしょ。そのあとパッとその場で掃除すればいいだけ。ここまでがワンセット。ひと仕事、ひと片付けね。簡単よ、溜めなけりゃいいのよ」

掃除道具はなるべくシンプルに

私は食べ物が腐った状態がとても恐怖なので、流しの中に洗っていない食器を放置することだけは絶対しません。でも、いつの間にかキッチンがべたついたり、お風呂がぬるっとしたりしています。

こうした汚れは私にとって正体不明なので、ふきんで拭くだけでは安心できません。市販の強力な洗剤が頼りです。

例えば湯船は、お風呂用洗剤を使わないと完璧には落ちないものだと思っていました。そんな不安から、掃除用の洗剤を各種取りそろえましたが、じゃんじゃん使うのももったいなくて、かなり汚れるまで掃除をしません状態。これでは本末転倒です。

でもスーパー主婦たちの取材をしていて、実は強敵にみえる汚れも、専用洗剤なんて使わずにカンタンに落ちることがわかりました。

まず知っておくべきは、家庭の暮らしで必然的に生まれる汚れは、たった二種類ということ。油汚れと、水アカ汚れです。

掃除に必要な洗剤も、基本的に二つだけ。

油汚れには重曹、水アカ汚れにはクエン酸（お酢でもよし）です。

油汚れは酸性だから、アルカリ性である重曹を使う。これは化学的な理屈で、自明の理です。水アカ汚れは逆にアルカリ性なので、酸性のクエン酸がいいのです。

重曹もクエン酸も、スーパーや薬局でお安く入手できます。どちらも食品としても売られているので安心です。この二つで済むなら、確かに気持ちが楽です。

掃除のシステムは極力シンプルにします。ということで、最初に揃えるといいお掃除セットは、重曹水とクエン酸水（酢水でもよし）。それぞれをお気に入りのスプレー容器にでも入れて常備しておけば、シュシュッとスプレーしてぞうきんでぬぐうだけで、普通の汚れにじゅうぶん対応できます。

- **重曹水……水200㎖＋重曹小さじ1**
- **クエン酸水……水200㎖＋クエン酸小さじ2（酢水……酢1＋水1）**

重曹で掃除、と最初に聞いた時は、「エコを考えている志が高い人がやることね。地球にはいいかもしれないけど、汚れ落ちに関しては期待できそうにないわ」と思いました。自然なものは効き目が弱いというイメージがありました。

ところが山﨑さんによると、重曹は、アルカリ度こそマイルドで優しいものの、併せ持つ研磨作用、消臭作用、金属イオンを包み込んで軟水化する作用、発泡剤としての性質など、総合力で一押しなんだと。意外でした。

実際私も、それまでキッチンの油汚れに強力な市販の洗剤を使っていたのですが、騙されたと思って重曹水を使って拭いてみたら、本当によく落ちてびっくりしました。

私は力押ししたくなる性格なので、だったら重曹を小さじ一より二のほうがいいでしょと、つい濃いめにしてしまうのですが、ある時それでテレビの画面を掃除して、しばらくしたらびっくり。テレビに真っ白な拭き跡が。

山﨑さんに泣きついたら、濃度を高くしたせいとのこと。白くなっちゃったら逆にクエン酸水で中和するといいと教えてもらい、無事に解決しました。同じくクエン酸水も濃くすると酸が強すぎるのであまりよくないそうです。

また、クエン酸水や酢は、酸性洗剤と同様、塩素系のものと混ぜると有毒ガスが出ますので要注意です。ちなみにスーパー主婦たちのお宅には、塩素系の洗剤がありませんでした。粉末の酸素系漂白剤をふきんの漂白などに使う程度で、たいていは重曹とクエン酸と石けんで済ませてしまい、塩素系の出番がないのです。

重曹水とクエン酸水、この二つでなんとかできると思うと、家の中の汚れについて、これは油汚れ系か水アカ系か、と考えるようになります。

そうすると、今まで得体が知れない故に巨大だった「敵」の正体が見えて、やる気も出てきます。

あの汚れの正体

掃除の特集番組を放送すると、視聴者からの「この汚れはどう落とせばいいの?」という質問が後を絶ちません。皆さんも汚れの正体がわからないんですね。

でもどんな汚れでも大丈夫。二タイプのうちのどちらかですから。

「いつの間にかフローリングに黒ずんだ固まりが」

……足の皮脂にホコリやチリが混ざったものなので油汚れ。重曹水で拭きましょう。頑固だったらティッシュで重曹水パック(P133参照)をしてから。

「換気扇フードがべたついて、しかも毛羽立っています」

……料理で使う油が付着したところにホコリが加わった油汚れ。重曹水をスプレーして拭けばつるりととれます。

「トイレの手洗いが黒ずんでいます」「赤くなっています」

……水の中に含まれる金属分が固まった水アカです。クエン酸水で拭きましょう。頑固なものは二時間ほどパックをします。

「お風呂の床がなんか黒ずんでいて」

……お風呂の場合は皮脂もあるので、油汚れと思いましょう。重曹水で対応して、それで落ちなかったらクエン酸水も試してみましょう。

汚れの正体がわからないと、必要以上に洗剤を使ってしまいますが、大抵の汚れは、思うより簡単に落とせます。

山﨑さんによると、**汚れを落とすということは、「中和して落とす」か「物理的に落とす」かなのです。**

中和というのが、今までご紹介した、酸性の油汚れをアルカリ性の重曹で落とす、というようなこと。

物理的に落とすというのは、ぞうきんで拭き取るなどして汚れを取り除くこと。実は、溜めさえしなければ、重曹やクエン酸さえいらずに、さっと物理的に拭き取るだけでいいことが多いのです。

「キッチンは、料理が終わった時に濡れ布巾で壁やレンジ周りを拭くだけできれいな状態を保てるわよ」

そう聞いても、洗剤を使わないと、ミクロの油が残るんじゃないか？　と私は不安でした。それが積もり積もってこびりつき汚れに成長してしまうのでは？　どうせ取り切れない汚れだからとこまめに掃除しないでいたら、汚れは溜まっていくばかり。

そんな中途半端な潔癖性からドツボにはまっていた私にとっては、重曹・クエン酸のスプレーセットは救世主です。から拭きや水拭きでは不安だけど、強力洗剤を使うほどでもないところにシュシュッとスプレーすることでかなり気が済むのです。

驚異の黒点落とし

それにしても、手強い汚れはどうすればいいのでしょう。視聴者からのアンケートで必ず寄せられる、原因不明の黒ずみもそうです。

「洗面所の床が黒ずんでいて、拭いても取れない」

わかります。マンションでよく見る、グレーやベージュの、細かくでこぼこしてる床。このクッションフロア、水をはじくので洗面所によく使われるのだと思います。わが家もリフォーム時に内装のプロに押し切られてそれにしましたが、いつの間にか薄汚れています。

スーパー主婦山﨑さんが、「**黒点落とし**って知ってます？」と言い出した時は、柔道の技かしらと思いましたが、そのざらざらした床の黒ずみを楽にとる方法だといいます。

それを聞いて当時のリポーター、駒村多恵さんが「うち、その床が黒ずんでどうしても落ちないの。あれが落ちるんですかー！」と大興奮。その場で教えていただきました。

たいていこの黒ずみは頑固です。なぜなら人間の足の裏の皮脂がこびりついて、そこにホコリやすすや、細かい粒子が混じり込んでコールタールのように固まったものだからです。年季が入っていればなおさらです。

そこで用意するのはこちら。

・重曹水スプレー

・固形石けん

・掃除用ブラシ（キッチン用でも）

床の汚れの部分に重曹水をシュシュッとスプレー。頑固じゃなければこれで拭き取っても落ちますが、たいていは頑固です。なので次に、固形石けんをブラシにつけて、床をこするべし！　こするべし！　これで落ちます。

このパワーの秘密は、重曹のアルカリ効果とブラシの物理的パワーを組み合わせたこと。石けんの役割は、界面活性剤。油の汚れを包み込んで水に溶け出させる力があるんです。物理的に汚れを落とす力のミクロ版とでもいうんでしょうか。

なんて理屈をこねるまでもなく、その効果はやればわかります、驚異的です。床が生まれ変わるんです。

数日後に駒村さん、目を輝かせて写メを見せてくれました。「信じられなかったけど本当に落ちました！　我が家じゃないみたいです」

どれどれと見たら腰が抜けそうになりました。ビフォアは、一面限りなく黒に近いチャコールグレーで、アフターは真っ白なんです。黒点落とし、すごすぎます！　そしてここまで汚せた可愛い彼女にもびっくりでした。

この黒点落としはすぐにでも番組で紹介したくてたまりませんでしたが機会がなく、一年後、あさイチの掃除特集でようやく日の目を見たのでした。反響がすごかったです。

応用範囲も広いです。マンションの玄関ドアや、キッチンの扉などで、堅くてざらざらしている面に油汚れが食い込んで黒ずんでいたら、すかさず黒点落としの技をかけて一本取りましょう。

恐るべし重曹石けんペースト

汚れ落としのパワーをアップさせるには、黒点落としのように物理的な力を加えるという手があるほかに、もう一つ、時間という武器があります。

汚れた場所をティッシュペーパーなどで覆い、そこに重曹水やクエン酸水をスプレーして、乾かないようにラップなどで覆う。つまりパックするのです。そうして時間をおくと、汚れがゆるみます。その後ブラシやアクリルたわし、雑巾などでこすり落とします。

パック時間は一〇分程度で落ちる汚れもありますが、時間をかければかけるほど落ちやすくなります。

お困り主婦宅の洗面所の、黒いさびのような水アカ汚れを落とすときには、ロケで一晩おく余裕がなかったので、物理的パワーを強化しました。

スポンジ研磨剤を使ったのです。

これは、スポンジの形状をしている紙やすりで、ホームセンターのやすり売り場で三〇〇円程度で売っています。

一〇センチ四方で厚さ三ミリ程度、ふわふわして扱いやすく、平らじゃないところでも力を入れやすいです。粗さは一番キメが細かい一五〇〇番が最適というのは、試行錯誤を重ねた山崎さんの出した結論です。でも念のため、目立たない場所で試してから使いましょう。

ロケも佳境に入り、いよいよ最大の敵が登場しました。キッチンの熱により時間をかけて焦げ付いて黒い魔物と化した油汚れです。これに対抗できるのは、**重曹石けんペースト。**重曹のアルカリパワーと、石けんの界面活性パワー、パックの時間、そしてこするという物理的なパワーを総動員したものです。仰々しく聞こえますが、やることは簡単です。

重曹：粉石けん（台所用洗剤でも可）：水を、1：1：1の割合で混ぜ合わせます。ジェラート程度の柔らかさになるように調節して下さい。

これを油汚れに塗って、こすって落ちればそれでよし。手強ければラップをかぶせてパックです。時間が長い方がより落ちますが、とりあえずは二時間程度を目安に。暖かい場所に置いておくとなおいいです。その後、アクリルたわしや一五〇〇番のスポンジ研磨剤でこすります。この重曹石けんペーストの効果を、番組のスタジオで実演して見せようということになりました。

生放送でやってみてダメでした、じゃ台無しです。手強いけれど、落ちたことがわかりやすい油汚れはないかと悩んでいたら、上司のデスクが「うちの妻ホントに掃除しなくてさ、やかんなんかすごいよ。油汚れ」なんてのろけているので、そのやかんを供出してもらいました。白いホーローのやかんの一面に黄色っぽい油汚れがこびりついていて、おまけに取っ手のねじが一つとれ、ぶらぶらしている見事なお困りやかんです。

これが本番では、重曹石けんペーストでつるりと落ちました。よかったー！

その上司も嬉しかったらしく、汚れが落ちた部分にイノッチに「きれいにしましょうね」みたいなことを油性マジックで書いてもらって喜んでいます。

私は素敵な奥様をお持ちの上司に感謝を込めて、小道具さんに取っ手を直してもらい、比較するために残しておいた汚れも全部きれいにしてお返しすることにしました。やかんを預かって汚れの部分をパック、翌日ラップをはがしたら、なんとイノッチのサインまでつるりときれいに消え去ってしまいました。重曹石けんペーストのパワーがこの時ほど恐ろしいと思ったことはありません。

洗面所いつもピカピカ作戦

劇的に汚れが落ちる、という、目で見てわかりやすいものは達成感を感じやすいですし、テレビ的にもおいしい！　のですが、日々の生活では、汚れがそうわからないうちに取り除いてしまうに越したことはありません。

だから、いったん長年の汚れを落としてリセットしたら、今度はそれをキレイな範囲でキープする習慣が必要になってきます。

でも、私のようなダメ人間には「使うたびに」とか「こまめに」というのがとても高いハードルに思えてしまいます。

そこで、こまめな掃除を面倒くさいと感じさせないように、山﨑さんは**ついで掃除**と言って、これを勧めています。

言葉で楽そうに見せていない？　と最初は構えていましたが、私でもすぐに実践できるものがありました。それは、**洗面所いつもピカピカ作戦**です。

洗面所に、二種類の布（超極細繊維の雑巾がおすすめ）を常備。一つは濡らしたもので、一つは乾いたもの。

洗面所を使うと、歯磨き粉を含んだ水滴などが、鏡や蛇口、洗面台に飛び散りますよね。だから使ったついでに、まずは湿った布で、次に乾いた布で拭き取る。このクセをつけるのです。

山﨑さん宅の洗面台。
ハンドソープの隣に乾湿２種の布を置く

山﨑さんはこの乾湿二種類の布を、オシャレな白い陶器のカップにそれぞれ入れて、ディスプレイのように洗面台に置いていました。手を伸ばせば取れるので面倒くささは無し。

私は洗面台の下の扉の裏に、スポンジラックを二つ取り付けて、そこに置くことにしました。これなら外から見えません。

これはお勧めです。この私がもう三年近く続けていられます。

これをせずに放置しておくと、あっという間に水道の蛇口や鏡に白い水玉模様ができてしまいます。お客様が帰った後に気が付いて「しまった！」と後悔したこともしばしば。でも今なら、いつ友人を招いても大丈夫！　むしろ洗面所に誘導したいくらいです。

蛇口がぴかぴかだったり、鏡がきれいなのは、わかりやすい気持ちよさ。続いているのは、簡単、手間なしで目に見える効果が得られるからかもしれません。面倒くさがりやさんは、ここから始めてキレイをキープする心地よさを実感してほしいです。

その際のポイントは、**モノを出しっぱなしにしない**こと。掃除する時に、いちいちモノを動かさねばならないと、やがて面倒になります。

「一日じゅう歯を磨いてる人いませんよね」と山﨑さんは言います。だから、歯ブラシや化粧道具などは、使う人ごとにひとまとめにしてカゴに入れ、戸棚に収納。使うときにはカゴごと出して用が済んだらしまいましょう。

このついで掃除に役立つ、小さな秘密兵器をご紹介しましょう。**使い捨て布**です。

友の会の方のキッチンにこの「使い捨て布」入れがあって、指定席をあてがわれているのをよく見ました。

これは、使わなくなったTシャツやシーツなどの綿の布を、捨てる前に役立ってもらおうと五センチ四方くらいに切ったもの。これが便利なのよ、と皆口を揃えておっしゃる。

例えば、こんな具合。炒め物をしていたら材料が飛び出てコンロの下に。そんな時、さいばしで使い捨て布を一枚つまんで汚れをぬぐう。

皿洗いをする前に、皿に残ったソースをこれでぬぐい取っておけば、皿洗いが楽だし水も少なくてすみます。一回使って捨てられるのも魅力です。

流しの排水口や生ゴミのトレイのゴミ、ぱかっとゴミ箱に移しても、細かいかけらが残ってる。これを使い捨て布でさっとぬぐいとってポイ。

電話をしながら手持ちぶさたの時、使い捨て布を手に取って重曹水をちょっと含ませれば、受話器のボタンの周りや転がっているリモコンなどが、いつの間にかきれいに！

つまり、ついで掃除に便利、というか、**ついで掃除を面倒じゃなくしてくれる逸品**なのです。

あさイチモップの衝撃

そもそもホコリって、いったい何なのでしょう?

いきなり初歩的な疑問ですが、お子さんの自由研究として、一緒に顕微鏡でみてみると楽しいかもしれません。

ホコリは、いろいろなものの微小なかけらが集まったもの。

洋服や布団の繊維、食べ物、毛髪、フケ、砂や泥、排気ガスのすす、胞子などなど。超軽いから舞っていますが、それでも重さはあるので、微小なもの同士、お互いの重力で寄り集まっているそうです。

「トイレで上を見てご覧なさい」と山﨑さんは言います。排気口の同心円が重なったフィルターに、ホコリがぶ厚くこびりついているのは私の家だけでしょうか。そう、トイレや洗面所は服を脱ぎ着するので、特に繊維系のホコリが散るのです。

ということで、普通に生活していて、この世に空気がある限り、私たちはホコリから逃げられません。ということは、そう、おわかりですね。こまめな掃除です。

このホコリ取りに関して、あさイチで紹介したスーパー主婦山﨑さんのワザは衝撃的だったようで、大きな反響を呼びました。全国各地の友の会でもこれをあさイチモップと名付けて一斉に導入したくらいです。

私は、あの丸型の自走する掃除機を買いたくてウズウズしているのですが、かろうじて踏みとどまっているのは、ある人が「うちアレ買ったけど今は物置に積んであるよ」と言っていたのと、あさイチモップを知ってしまったからです。

そのウワサの**あさイチモップとは、ホコリ退治の一番効率的な掃除法**です。

理屈は簡単（山﨑さんには裏付けとなる理論が必ずあります）。ホコリは軽いので普段は舞い上がっていますが、人が寝静まったり、不在の間に八時間ほどかけて舞い降ります。その時がチャンスなのです。

山﨑さんは午前四時半という驚異的な早起きなのですが、毎日起きてすぐ、フローリングモップで全体の床のホコリをぬぐい取ります。この間たったの二分。これがあさイチモップです。掃除機をかけるとホコリが舞い上がってしまうのと、ホコリは隅の方に溜まっていく性質があるので、吸い取りきれません。だから、家具の下まで入るフローリングモップがいいのです。いつだってぴかぴかの山﨑さんの家でも、モップのぞうきんには毎朝、しっかりホコリがついているそうです。

あさイチモップをしていれば、掃除機かけは週に一～二回でいいと言います。掃除機の役目はフローリングモップで取りきれない大きめの粒のゴミを吸い取ることで、ホコリ取りのためではないのです。

私も始めました。当初はホコリが溜まっていて手を焼きましたが、続けているとキレイになってきました。でも、どんなに続けても、モップのぞうきんには毎朝ホコリがちゃんとついています。これをせずにいたらどれだけホコリが溜まるのでしょうか。

やってよかったです。モップにとりつける超極細繊維のぞうきんを時々湿らせれば、夫の足の裏の脂汗もぬぐえて黒ずみも防げるでしょう。

山崎さんは２ＬＤＫを二分で済ませられるそうですが、私の場合は六～七分かかっています。うだうだやっているせいもありますが、床に物があったりするからです。床には物を置かない方がよい、とモップをかける度に思います。

そして、私がモップがけと同時に使っている、山崎さんが教えてくれたお助けアイテムが、

お掃除手袋。

いわゆる軍手と呼ばれる作業用手袋でもいいそうですが、ホームセンターで買える超極細繊維のカラフルな手袋は、もともとホコリを吸着しやすい上に、水を含ませれば汚れもかなり落とせる優れもの。山崎さんは週に二回程度、掃除機をかけるときにこれを着用しています。

インテリアのカーブや細かい溝、家具の側面、椅子の脚の裏、ペンダントライトの傘、ドアの取っ手やちょうつがいなど、複雑な形をしたものほどホコリがはまりやすいものですが、手袋をした五本指で自在になでていくことで、はまったホコリを拭き取れます。

山﨑さんは左手で掃除機をかけながら、手袋をした右手を幅木の上にはわせたり、ドアの取っ手を拭き取ったり、ドア枠を両手で上から下にさーっとなでたり。まるで蝶のように舞っています。

掃除機と「お掃除手袋」
ダブル使い中の山﨑さん

そして手のひら側がずいぶん汚れたな、と思ったら左右をはめ変えて使います。終わったら洗面所で手を洗う要領で石けんでゴシゴシすればきれいになり、外につるしておけば乾いてまた明日使えます。

こうした便利なツールを見いだす才能はさすがですね。職人は道具にこだわるといいますが、まさにそうです。

あさイチの男性プロデューサーはさっそく使い始め、「あれいいね」と使いこなしています。

私はというと「手袋をはめるのが面倒くさい」という、情けなさ過ぎる理由で二の足を踏んでいたのですが、あさイチモップによる心地よさを覚え始めた頃から、モップをかけるときに同時に着用してみたら、すぐに定着です。

毎日気が向いたところをなでていけば、色んな所からホコリが消えていきます。この習慣は今も続いていて、私は私を褒めてあげたいです。

大掃除をしなくてすむには

きれいキープの極意が、お掃除予定表です。

これは、高度成長期における日本の原動力となったトヨタの生産システムのヒントになったという、究極の主婦の知恵です。

簡単に説明すると、頻度別に仕事を分けて、一年を通した予定表に割り振ったものです。

まずは、行う回数ごとに掃除を分類します。

①年に一度やればいい所。（納戸の整理とか、換気扇、カーテンなど）
②年に二〜三回。（エアコン、天井など）
③月に一回。（電子レンジの内側、窓ガラスの掃除、コンセントカバーなど）

④週に一回やればいい所。（床の水拭き、排気口の掃除、排水口など）
⑤毎日やるといい所。（シンクを拭く、洗面所の蛇口と鏡、床のホコリ取りなど）

大した手間のかからないものや、使った時のついで掃除は「毎日」に入れます。

こうして書き出したら、回数が少なくていいものから順番に、いつやる、とカレンダーに振り分けていきます。

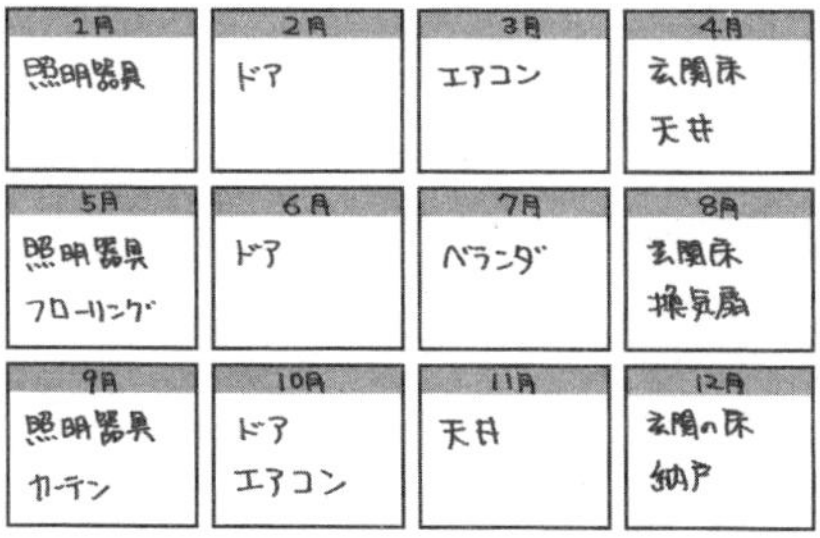

1月
照明器具
2月
ドア
3月
エアコン
4月
玄関床
天井
5月
照明器具
フローリング
6月
ドア
7月
ベランダ
8月
玄関床
換気扇
9月
照明器具
カーテン
10月
ドア
エアコン
11月
天井
12月
玄関の床
納戸

年間のお掃除予定表。１年かけて家をリセット

①の納戸の整理は一二月にしよう。②のエアコンはあまり使わない一〇月と三月にしよう、というように。

そして、今度は一二月の月間カレンダーを用意し、①の「年に一度の納戸整理」を、例えば第二日曜日に書き込みます。同様に③の「月に一回やる窓ガラスの掃除」は、第一土曜日に「窓ガラス掃除」を書き込みます。

そして④の週一のものは、例えば火曜日に火の周りのキッチンの油汚れ、木曜日に木だからフローリングの水拭き、というように、曜日を決めて月四回やるように平均的に割り振っていくのです。

つまり、これをやれば家全体が一年間でリセットするわけです。また、**一年で色んなところを分散してやっていくので、一年中、許せる線以上のキレイをキープしやすい**でしょう。すると、大掃除もする必要がなくなります。素晴らしい！

……ただ、こんな予定表を見たら、私はきらいな掃除を押しつけられている囚人のような気持ちになってしまいそう。

いいや、ものは考えようです。やらねばならないことと思うのではなく、この日にこれをやれば楽にキレイがキープできるのね、と発想を変えてみるのです。もしその日に出来なくても、一月、一年でつじつまを合わせればいいのですから。

山崎さんは、これをやれば、**汚れに追われることはなくなる**と言います。

「むしろ汚れを待ち構えるって感じ。あ、あそこ、そろそろだな、どれだけ溜まったかな、と楽しみになってくる」のですって。

山崎さんは別に掃除が趣味なわけではなく、日々友の会の活動に講演会に、とスケジュールぎっしりで多忙な方です。

敵を知り己を知れば、怖いものなしですよね。汚れの正体を知り、掃除が必要な場所と頻度を把握していれば、しめたもの。そして掃除の大変さよりもゲーム感覚で楽しめる気持ちが上回るようになれたら、人生、かなり楽しくなるでしょう。

家の整理は心の整理

そもそも、どうしてキレイな家に住みたいと思うのでしょう。ホコリじゃ死なないのに。人に自慢したい？　家を高く売りたい？　私にありがちな動機を挙げてみましたが、どうも違うようです。

家がスッキリすれば、頭もスッキリする。家から訳のわからない不安がなくなれば、心の不安もなくなる。家で心地よいものに囲まれていれば、心も幸せになる。直感的にそう思っているんじゃないかと思います。

山﨑さんは、よく「家の整理は心の整理」と言います。家は、住む人の心を如実に反映します。だから山﨑さんくらいになると、初めての家に入っただけで〈この家はお子さんが引きこもってる〉とか〈ご主人がまっすぐ家に帰らない事が多い〉などがわかると言います。

色々ご紹介しておいてナンですが、便利なグッズを買ったからといって、それで家がスッキリするわけではありません。それをずっと使えるような暮らしの習慣とシステムが必要で、そのためには自分の性格やペースを見ながら、作りあげていくしかありません。まずはモノより習慣です。

　時代は変わるし、モノは進化します。お掃除の流行も変わってくるでしょう。だから大事なのは、住む場所が変わっても、ツールが変わっても、こうすればいいんだという、汚れとの向き合い方を知っておくことだと思います。

「愛情は抜かずに、手は抜きましょう」

第五章

シンプルに、毎日料理の極意

スーパー主婦・足立洋子さん（左）流に、料理は楽しく簡単に

食事の支度をハッピーに

私は料理もダメで、唯一作れるのはなんの変哲もないお雑煮です。それをお正月に作る以外、一年の三六〇日くらいは食事の支度はいつも夫です。彼がたまたま料理番組を担当して料理が楽しくなっていたときに褒め倒して、「家庭料理」を手に入れました。

それ以前は適当に外食や、それこそデパ地下、コンビニなど。料理をテーマに番組を作るとなると、何が特別で何が常識かもまったくわからないので、ひたすら主婦たちを訪問しました。

そこでわかったのは、多くの主婦たちにとっても、毎日の料理は楽しいとは言えないようだということ。メニューのマンネリ、味がイマイチ、家族が満足してくれない――そんな悩みを抱えています。何年も作り続けているのでやれば出来るとはいえ、憂鬱になる。

ということで、スーパー主婦シリーズお料理編は、**毎日の食事の支度が楽しくなるワザ**をお送りします！　とぶち上げました。

でも果たして、そんな非現実的なワザがあるのか？　私は必死で探し回りました。

そしてスーパー主婦候補として会いに行ったのが、北海道は苫小牧の足立洋子《ひろこ》さん。料理教室が好評で生徒からとても慕われているといいます。

お宅に伺うと「イヨベさんが来る前にダスキンに掃除してもらおうと思ったけど間に合わなかった」などと言っています。また謙遜でしょうと思いましたが、確かに今までのピッシリ整然！ のスーパー主婦たちとは雰囲気が違います。食品庫なども、仕切ったり几帳面にラベリングなどしていません。でもご自身ではすべて分かっていて、しかも、「これホント美味しいのよ」と心から愛しているものばかりが詰まっているのです。

そして、とてもお話し好きで楽しいので、話があちこちに広がっていき、気が付いたら五時間も経っていました。後で「足立さんが言いたかったことは何だったんだろう」と考えてみるに、

「おいしいことってうれしいよね。**おいしくするには、かんたんにするのが近道**」ということのようでした。

手を抜いて楽に、かつおいしい食卓が実現するなら、こんなにうれしいことはありません。でも、どうしたらそれが出来るのでしょう。

実は具体的なレッスン内容が何も決まらないままロケに突入してしまったのですが、結果は素晴らしいものになりました。簡単なことしかやっていないのに、食事を作るということはこ

んなに深いことなんだ、と私は足立さんに教えていただきました。

わが家の「味の型紙」をつくろう！

このロケにご協力いただいたお困り主婦Cさんは、中学生と小学生のお子さんを持つ四一歳の専業主婦。子どものために頑張って、おいしく食べてもらえるものを作らなきゃ、と努力しているのにマンネリになってしまって飽きられ、新メニューに挑戦すればハズしてしまうことも多い。あげくの果てには、お子さんに「ふりかけないの？」と言われる始末。敗北感、罪悪感を感じながら、ふりかけでご飯を食べさせているといいます。

そんな彼女の冷蔵庫を見て、スーパー主婦足立さんが目を付けたのが、市販のたれがいっぱいの扉。焼き肉のたれ二種、すき焼きのたれ、めんつゆ、ごまだれ、各種ドレッシング……。「こんなの身体に悪いでしょ、手作りしなさい」と言われるのではないかと、Cさんも私も内心ドキドキしていました。でも足立さんから発せられた言葉は「あっ、この焼き肉のたれ、私も使ってるの。おいしいわよね」

足立さんが言うには、こういう市販のたれは、原材料にタマネギのすり下ろしやりんごといった隠し味がたくさん入っている。ともかくプロが考え抜いて贅沢に作っているから、家庭ではまねの出来ない深みのある美味しさがあると。だから、こんなおいしいものを利用しない手はないというのです。

「すき焼きのたれって書いてあるけど、煮物にも使えるのよ」。足立さんの言葉に、こういうものを使ってかんたんな料理を、なんてことになったらどうしようかとまたドキドキしてきました。ところが足立さん、こんな話をしてくれました。

「市販のたれはレストランの味。食べて、瞬間でおいしい、と感じられる味なの。でも**毎日レストランの味だと、さすがに飽きてしまう**でしょ。こういうのは、普段家庭料理らしいシンプルな味付けのものが続いて初めて、ああおいしい、たまにはいいよねとなる使い方が正解」

確かに原材料を見てみると、りんごやしょうが、ワインなどたくさんの隠し味があって、複雑で贅沢な味だということがわかります。しかし同時に、焼き肉のたれもすき焼きのたれも照り焼きのたれも、使っている主力の調味料はしょうゆにみりんに酒に、と共通しています。だから大ざっぱに言えば、どれも似ている味。これが、毎日の食卓に漂うマンネリ感の原因の一つなのかもしれません。

ではどうするの、ということで足立さんが提案したのが「シンプルな基本の味、**わが家の味の型紙を作りましょう**」ということでした。

味の型紙とは、調味料の基本の比率。これをもとに自分のお好みの味を作っていきます。考え方は、洋服の型紙と同じです。まず基本のものがあり、お好みでそれにフリルやギャザーなどのオリジナルものを加えていく。味の型紙自体はシンプルなので、食材の味を生かしてくれて、飽きません。

この味の型紙を、あさイチでは四つお伝えしました（左の表参照）。

足立さんのイチ押しは、足立家で「豚丼のたれ」と呼んでいる、しょうゆとみりんのみで作ったたれ。

スーパー主婦直伝! 味の型紙

てりだれ	しょうゆ **1** : みりん **2**	アクを取り除き半量まで煮つめる
甘酢	酢 **1** カップ(200ml)	砂糖 大さじ **5**	塩 大さじ **1**
めんつゆ	しょうゆ **1** : みりん **1** : だし **4**	ひと煮立ちさせる
甘煮	かぼちゃさつまいもなど **100**g	砂糖 大さじ **1**	塩 ひとつまみ(小さじ 1/5)

これをベースにすれば間違いのない「味の型紙」

焼き鳥や照り焼き、煮物など幅広く使えるのに「豚丼のたれ」では混乱してしまいそう。私がその場で適当に「てりたれ」という名前にしたら定着してしまいましたが、これが素晴らしかったのです。

しょうゆとみりんの比率が1：2。いくら作ってもいいですが、作りやすい分量は、しょうゆカップ1にみりんカップ2くらいです。

これを煮詰めるだけと簡単なのですが、手を抜いてはいけないところもあります。アク取りです。

火にかけたら二〇分ほどかけてアクを除いていきます。「手を抜くためには、一つだけ頑張らなきゃいけない」というのが足立さんの持論です。ここで雑味をとっておくことで、何にでも合う万能のたれになるのです。

こうして、液体が半分の量になるまで煮詰めます。火にかける前に鍋に割り箸を差し込んでタレの色をつけておくと、半量になったことがわかりやすいです。こんな小ワザもきかせながら出来上がったら、保存瓶やペットボトルに入れて常温保存で一ヶ月、冷蔵庫に入れれば半年くらいはおいしく使えます。

では、そのてりたれを使った「豚丼」のレシピです。スタジオでいのっちが豪快に食べてくれたおかげもあって、かなり多くの方が試してくださったようで、絶賛の声を山ほどいただきました。

●豚丼

［材料］　しゃぶしゃぶ用の豚バラ肉か肩ロース：一人50～60g見当

ガーリックパウダー、ブラックペッパー粗挽き、ごはん

［作り方］・豚肉を油なしで炒めて火が通ったらガーリックパウダーとブラックペッパー

を振ってご飯に乗せる。
・てりたれを上から回しかけて出来上がり。

これは確かに超簡単で安上がりで、おいしい。珍しく私が友人に夕ご飯を振るまったら、これのおかげで尊敬の目で見られちゃいました。「料理がダメ」は信じてもらえませんでした。お困り主婦Cさんは、豚丼を作って子どもたちに好評だったことに味をしめ、翌日もてりたれを使って、サンマを蒲焼き風にいためて出しました。

私は、ああっ同じ味を二日続けるなんて、とまたドキドキしましたが、定点カメラの映像を見るとこれも大好評。しかも、同じ味付けだとは思われなかったのです。

足立さんが言うには「**味の型紙はベースになるものなのでシンプル。素材によってどんどん味を変えられる**」とのこと。

てりたれにおろししょうがを加えてしょうが焼きにしたり、だし汁を加えて煮物を作ったりも出来ます。しょうゆとみりんの比率を好みで変え、それを「わが家の味の型紙」にしてもいいでしょう。

「料理が苦手、と言う人たちはいじくりすぎ」と足立さんは言います。自信がないぶん色々とやろうとするから、手間も時間もかかってイヤになってしまうと。

きちんと押さえるところを見極めて、他は手を抜けばいいとわかれば、おいしい料理の七割は完成。結局、シンプルが一番となるそうです。
素材を変えていれば毎日のように使っても飽きない味。さまざまな料理のベースになる味——ああ、我が家の味ってこういうものを言うのね、と思いました。このわが家の味の型紙があれば、市販のたれやドレッシングも、新鮮でよりおいしく感じられるような気がします。

ちなみに、ほかの三つもかなりお勧めです。

甘酢は漬物や寿司酢に。大根やきゅうり、にんじんなどを千切りにしてなます風サラダにし、これであえると、酸味が強すぎないのでいくらでも食べられます。ハムなども加えてもいいし、不思議と子どもたちに大好評でした。すりごまと絡めればごま酢和えが簡単に。
めんつゆは、煮物や揚げなすにかけたり、山菜を煮たり。水分を含むので、三〜四日で使い切るようにしてください。
甘煮は、この型紙通りに材料がかぶるくらいの水で煮るとホントにおいしい。甘すぎない、間違いのない比率です。ここから好みで味を加えていきます。子ども向けにはバターを加えるのがお勧め。また、レモンを加えると、かぼちゃやさつまいもの黄色が鮮やかになります。

マンネリ脱却の秘密兵器

五法の表

	牛	豚	鶏	魚
生	•たたき •コロッケ		•鶏わさ	•刺身 •マリネ
煮る	•ポトフ •ビーフシチュー	•ゆで豚 •豚と大根の煮物 •ロールキャベツ	•クリーム煮	•さばの味噌煮 •チャウダー
焼く・いためる	•網焼き •チンジャオロース •ハンバーグ	•しょうが焼き •野菜いため •ひき肉春雨いため	•照り焼き •手羽先のソテー	•ムニエル •甘酢いため
揚げる	•竜田揚げ •野菜ロールカツ •コロッケ	•とんかつ •酢豚	•から揚げ •油淋鶏	•てんぷら •かき揚げ •フライ
蒸す	•牛肉と大根の蒸し煮	•蒸し豚 •しゅうまい	•蒸し鶏 •棒々鶏	•ちり蒸し

メインメニューを決めるときに大活躍の「五法の表」

「晩ご飯何にする?」。これは主婦にとって地獄からの呼び声なのでは?

友の会の皆さんが、メニューを決めるのに悩む時間をなるべく減らそうと役立てているのが、この二つの表です。

主菜は五法の表で決めます。

この表は、「牛肉・豚肉・鶏肉・魚」などの材料の種類と、「煮る、焼く・いためる、蒸す」などの調理法の組み合わせです。**主菜は、調理法が違えば印象が変わる**のです。

自分が作れるメニューや、昨日作ったメニューを当てはまるマスに書き込んでいくと、わかりやすいです。

今日のメニューを考えるときは、昨日と違うマスに当てはまる料理にする、数日分のメニューを考える時はマスが散らばる

五味の表

	豆類	青菜	いも	その他野菜	海藻・乾物
しょうゆ	・冷や奴 ・卯の花	・おひたし ・チンゲンサイのあんかけ	・里いも煮っころがし	・きんぴら ・しょうゆ漬け	・ひじき大豆 ・切り干し大根
塩	・ポークビーンズ ・豆腐のえびあんかけ	・ほうれんそうソテー ・にんにくいため	・じゃがいもチーズ焼き	・塩もみ ・即席漬け ・ラタトゥーユ	・春雨と野菜のいためもの
酢	・酢大豆	・おろし和え ・青菜ときのこの三杯酢	・長いもの酢の物	・甘酢漬け ・マリネ ・ピクルス	・わかめときゅうりの酢の物
みそ	・田楽 ・豆腐の味噌いため	・ほうれんそうの味噌マヨネーズ和え	・里いものゆず味噌	・ふろふき大根 ・味噌漬け	・わかめとねぎのぬた
砂糖・みりん	・白和え ・煮豆		・大学いも ・さつまいものミルク煮	・かぼちゃの甘煮 ・にんじんとこんにゃくの白和え	・ひじきの白和え

副菜メニューを決めるのに便利な「五味の表」

ようにするといいでしょう。

副菜は五味の表で決めるのがおすすめ。「豆類・青菜・いも」などの食材の種類と、「しょうゆ・塩・酢」などの味付けの組み合わせです。**副菜は、たれやドレッシングで味つけを変えると、新鮮に感じる効果が大きい**ようです。

この表は、昭和初期に沢崎梅子さんという方が考案して、友の会で伝承されてきましたが、皆さん自分なりにカスタマイズして使っているようです。

足立さんは五法の表の材料に「ひき肉」を加えたり、調理法に「鍋」を入れたりしているといいます。いずれにせよ、毎日のメニュー決めを負担に感じている人は、気持ちを楽にするために大いに利用してください。

また、最近の我が家の晩ご飯をこの表に当てはめていくと、自分の傾向も見えてきます。お困り主婦が試してみたら、食材は色々変えていたものの、「炒める」の行ばかりが埋まっていました。「意識してなかったけど、こう見るとずいぶん炒まっちゃってるんですね」と驚いていました。

スーパー主婦井田典子さんは、主菜だけ三日間分を決めて、カレンダーに書き込んでおくそうです。一日目「麻婆豆腐」、二日目「いり鶏」、三日目「焼きサンマ」というように。

決めるときに五法の表は使っていませんが、こんな呪文を唱えているそうです。

「ブタトリサカナ」と「和洋中」。

この呪文のとおり、三日を一単位として材料と味付けを散らしています。

月火水、木金土とこの呪文をもとに決めて、日曜日は冷蔵庫の残り物で作る日にするとか、またはハレの日にするなど臨機応変に考え、一週間でメリハリをつけているそうです。

井田さんのように、自分流でもよいので、**メニューをラクに決められるシステムがあるとよい**と思います。

また、井田さんは、**副菜は名前のあるレシピでなくていい**、といいます。

例えばラタトゥイユや茶碗蒸しなど、それを作るにはこの材料が必要、と決まっているものは気持ちに余裕がある時に作ればよい。普段は、ただ野菜をゆでただけ、蒸しただけでいいんです。そのかわり、たれやドレッシングなどの味付けでバリエーションをつけます。こう考えると、ずいぶん楽になるのではないでしょうか。

を書いておきます。家族のお気に入りのたれを確保しておくととても楽です。

井田さんが教えてくれた、ごまマヨや梅マヨなどのたれは子どもたちに好評でした。レシピ

●ごまマヨ　マヨネーズ：大さじ4、すりごま：大さじ2

砂糖・しょうゆ・酢：各小さじ2

●梅マヨ　梅肉：1コ分、マヨネーズ：大さじ3

かつおぶし：適宜、しょうゆ：少々

それと、意外と「甘い味」は効きます。井田さんから教えていただいた、さつまいものミルク煮は、お困り主婦も内藤アナも私もお気に入りです。何度食卓にのせても飽きない、お勧めレシピです。

●さつまいものミルク煮

［材料］　さつまいも：500g（3㎝角に切る）、牛乳：500ml

砂糖：大さじ2〜3、バター：大さじ1

［作り方］・鍋にさつまいも、牛乳、砂糖を入れ、フタをしないで弱火で煮る。

・牛乳がとろりとしたら、仕上げにバターを落として出来上がり。

お役立ちベース菜

足立さんは、**おかずを手早く作れるように、「ベース菜」を常備**しています。

常備菜というのは、あらかじめ完成しているおかずを多めに作っておくと、食事のときにはただお皿にのせるだけで済むから便利、という考えですが、それでは飽きてしまうというのが食いしん坊らしい足立さんの発想。

味の型紙と同じように、**何かを加えればおかずになるベース菜**を作ると、それがとても重宝するというのです。例えば、

・たまねぎドレッシング漬け

生たまねぎを薄くスライスして、フレンチドレッシング（酢1：油3　塩とこしょう少々）に漬けておくだけ。ただ切ったトマトにのせるだけでグレードアップするし、ベーコンと炒めてもいいしと、さまざまに使えます。

・**煮豆**

塩味がかすかに付いた煮豆。保温タイプの水筒に、乾物の豆を入れて（水筒の1／3の分量までにとどめる）、そこに熱湯を注ぎ入れ、塩を少々加えます（なめてみてお吸い物より少し薄い程度の塩加減で）。密閉して一晩置くと、煮豆になっています。ドレッシングであえても、サラダに混ぜても。冷凍保存も出来ます。

この「ベース菜」という発想は新鮮でした。「あとちょっとの作業で完成したおかずになる」という手間はぶきの思想と、「あとちょっとの作業で色々なものが作れる」というおいしさ追求の楽しさとが合わさった考えから生まれた足立マジックです。

そして、最後におまけを二つ。

・**昆布酒**

これはいわば調味料のベース菜です。例のインスタントコーヒーの四角いふた付き瓶に、瓶の高さに切った日高昆布を数本と酒を入れ、漬けておきます。煮物やスープ、お吸いものなど、この昆布のうまみが加わった酒を少々加えると、味がグッと深まります。使い終わった昆布は佃煮にしていただきます。

・冷凍ゆず皮

ゆずの皮の威力って絶大ですよね。香りがいいのはもちろんのこと、使うといかにも料理が出来るヒトって感じに見られそうじゃないですか。でも、ほんのちょびっと使うだけなのに、その都度買ってくるのも効率悪い。

足立さんが教えてくれたのは、ゆずの皮を丸くそぎ取って冷凍しておくこと。その際ラップを蛇腹状に折っていき、ゆず皮同士がくっつかないようにします。これで来年ゆずが出回る頃までも持つというのです。一〇個くらいで一度やれば、一年使えるすごい先手仕事です。

実はつい昨日、わが家の料理担当である夫が出張でいないので冷凍庫を開けてみたら、一年前に作ったこれがあるのを発見。お茶漬けの上に刻んで載せてみました。足立さんの言ったことは本当でした。冷凍すると茶色くなっていますが、常温で戻せばすぐにきれいな黄色になるし、なにより香りがすばらしい！　一人の手抜きご飯が料亭の味になったようでした。

味の型紙でご紹介した、甘酢で作るサラダにもよく合います。

飽きない常備菜

たしかに、同じおかずが食事のたびに出てくると、イヤになりそうです。でも、常備菜でもおいしくて飽きない、とっておきがあるんです。

しかも、この私が冷蔵庫の常連にしているほどの簡単さ。食の達人スーパー主婦、岡崎直子さんが教えてくれました。

岡崎さんによると、**「あま」「から」「すっぱ」の常備菜**を揃えておくと、どんなメインにも組み合わせることができ、しかも味を引き立ててくれるので便利なんだそうです。

●「あま」プルーンの紅茶煮

[材料] プルーン：200g、砂糖：大さじ5、紅茶ティーバッグ：1袋
水：カップ1、レモン：半個

[作り方]・鍋で紅茶を作り、砂糖、プルーンをいれて10分煮る。
・鍋底がトロッとしたらレモン汁を搾り入れ、煮立ったところで火を消す。

プルーンは美容によさそうだからと大量買いした方も多いはず。でも飽きて食べきれずに冷

蔵庫の隅に長居しているはず。でもこれにすれば、じゃんじゃん食べられます。しっかり主婦の内藤アナも絶賛でした。

●「から」アーモンドいりこ

［材料］　食べる煮干し：100g、アーモンドスライス：40g
いりごま：大さじ2、調味料（砂糖：大さじ2、しょうゆ・みりん・サラダ油・はちみつ：各大さじ1）

［作り方］・食べる煮干しは電子レンジで約2分加熱、アーモンドスライスはトースターで約2分加熱する。
・調味料も電子レンジで約2分加熱。やけどに気をつけて、調味料が熱いうちに全部を混ぜ合わせる。

簡単でおいしいので、常備菜として作っても、いつも一度に全部食べてしまいます。カルシウム補給にもいいですよね。

●「すっぱ」野菜の甘酢漬け

［材料］　野菜（かぶ・にんじん・セロリなど）：500g、切り昆布：少々

塩：小さじ1と1／2、漬け液（酢：大さじ3、砂糖：大さじ1と1／2、サラダ油：大さじ1）、粒こしょう：適宜、赤とうがらし：1本、にんにく：1かけ）

［作り方］・野菜を適当な大きさに切り、切り昆布を加えて、塩を振って混ぜ合わせる。
・しんなりしたら漬け液を加え、粒こしょう・赤とうがらし（丸ごと）・にんにく（皮をむいて丸のまま）を加えて数時間置く。

このレシピのどこに魔法があるのかわかりませんが、放送後に視聴者から、「こんなにおいしい甘酢漬けは食べたことがなかった」と絶賛のファックスが届いたほどの逸品です。

ムダ買いしない、買い物の極意

栄養バランスはちゃんと考えたいですよね。友の会によると、何も考えずに買い物していると不足しがちなのが豆類、青菜類だそうです。

けれど、事前に必要な栄養素などを厳密に計算して買うなんて、無理。そこで、スーパー主婦が教えてくれたこの法則だけ、最低限心がけることをお勧めします。

肉魚の値段＝野菜の値段、になるように買う。

つまり、肉魚を千円買ったら野菜も千円ぶん買う。これだけです。

厚生労働省が五年に一度出している「日本人の食事摂取基準」から友の会が割り出した目安によると、肉魚の四倍の重さの野菜を摂るのが理想なんだそうです。肉を二〇〇g食べたら、野菜は八〇〇g必要、ということです。

そして実際、友の会が行う全国の「買い物しらべ」によると、肉魚のグラム単価は、野菜のグラム単価の四倍です。だから、肉魚と同じ値段分の野菜を買えば、自然に肉魚の四倍の量の野菜となるわけです。もちろん高い野菜も安い肉もあるのであくまで目安ですが、野菜不足を自然に防ぐのにお勧めのワザだといいます。


さらに、ムダ買いをしないコツも井田さんに教えてもらいましょう。

スーパーに行くと、つい入り口に近い野菜売り場から選び始めてしまいがちですが、そこはスルーして、**肉魚売り場へ直行する**のが井田さん流。

主菜のメニューが固まってから、それと組み合わせる野菜を買いに行くのです。最初に野菜を買ってしまうと、その後に買った肉魚には合わないなと思っても、返すのが面倒で買ってしまい結局腐らせてしまう。そんなムダをこうして防ぎましょう。

もう一つ。井田さんはお店に入ったら、最初からカートの上段、下段にカゴを一つずつセットします。そして、**上段に「冷蔵庫に入れる物」、下段に「それ以外の物」**を入れていきます（買うものが少ない時は一つのカゴで場所を区切る時も）。

レジには二つのカゴを通し、袋に詰めるのもカゴ別にします。そうすれば帰宅後も一つの袋の中身はそのまま冷蔵庫に移せばよく、ムダな動きをしなくてすむというわけです。

また、こうしておくと、レシートも自動的に種類毎にまとまりやすくなり、家計簿をつける時に選び出す手間が省けて楽なんだとも。ここまで考えていることに感動しました。

参考までに、井田さんの買い物方法をもう少しご紹介します。

買い物に行くのは原則三日ごと。

その三日分の食材は、あらかじめ一家全員で必要な乳製品は何グラム、肉魚は何グラム、青菜やいも類は……と、品目別にどのくらいの量を食べればよいか割り出していき、その必要量分を買うとのこと。

ではその必要量はどう割り出すかというと、厚労省が出している日本人の食事摂取基準が根拠です。そこから必要な栄養素をクリアし、家計的にもありがたい肉や魚、果物、青菜、豆などのそれぞれの一日の必要量を出すのです。

例えば四〇代夫婦と食べ盛りの一〇代の子供二人の四人家族の場合、三日間に必要な肉魚が一五〇〇gだったら、鮭の切り身なり鶏肉なり、合わせて一五〇〇g買います。で、それを三日で使い切るようにします。

必要量を買って食べきる。それが板についてきたら、精神的にも楽です。少なくとも必要な栄養は摂れているという安心感があります。

もう一つ、コンロが増える

スーパー主婦やお困り主婦を取材しているうちに、「料理好きの人は整理収納はあとまわし、整理収納や掃除が好きな人は料理が好きじゃない」という傾向が見えてきました。

また、料理好きな人は本能で生きる、整理収納好きの人は理性で生きる、という印象も受けました。料理と整理収納は、使う脳の場所が違うのでしょうか。

友の会がスゴイのは、こうした別のタイプの主婦たちの知恵が合わさって蓄積されていることです。そして、おいしい料理と整理収納、この両方に有効なワザやモノが生まれています。

象徴的なアイテムが、「**鍋帽子®**」。

鍋帽子とは、巨大な紅茶ポットカバーのような形をした、鍋にかぶせる綿入りカバーです。

大正時代に木箱とおがくずと布団で作られたその原型が、大阪友の会に残っているそうです。以後改良が重ねられ、今世紀になって、省エネを実現するために広島友の会が広めたのが今の形です。

鍋にかぶせることで保温調理ができるので、時短にもなり、おいしくもなる、主婦の強い味方です。

長い時間かけて煮込まなければいけない豆やシチュー、おでんなどはもちろん、カスタードプリンや茶碗蒸しまで、さまざまな料理に使えます。最初に一〇分程だけ火にかけて熱を通せば、あとは火から離し、鍋帽子をかぶせて数時間放置しておくだけでおいしくできあがっています。

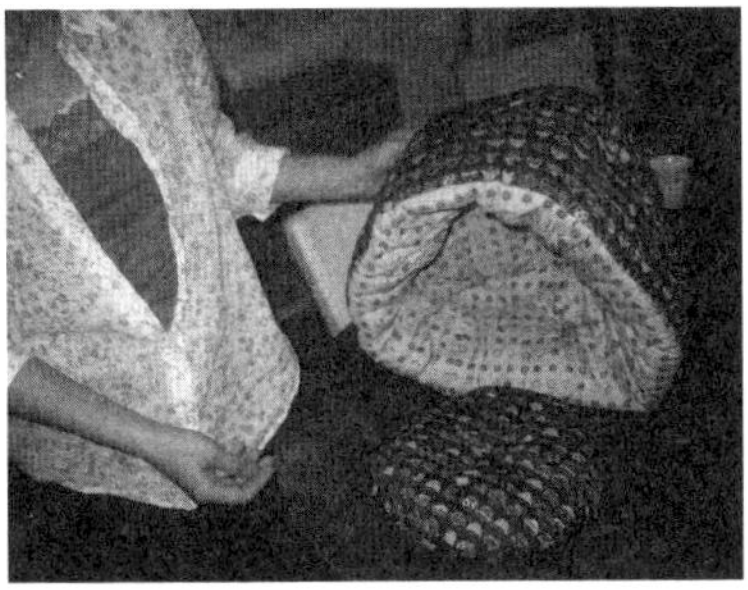

井田さんも「鍋帽子」を愛用しています

火の近くに長時間拘束されないこと、圧力鍋と違って食材の組織や栄養をこわさないこと、サイズさえおさまれば手持ちの鍋なら何でも使えることがメリットです。

豆類が不足しがちなのは、扱いが面倒なこともあるでしょう。それも鍋帽子で解決です。

大豆は袋の中身全部を鍋に空け、ひと晩水につけてから弱火で一〇分ほど火にかけたら鍋帽子をかぶせて放置。四～五時間後には煮豆になっています。これを保存袋に入れて平べったくし、冷凍庫で保存しておけば、さまざまなメニューに手軽に加えられます。

また、井田さんは忙しいロケ期間に、「朝火にかけて、鍋帽子をしていただけ」といって、ポトフをごちそうしてくれましたが、豚肉の一kgものかたまりが柔らかく煮込まれており、野菜にも味がしみていてとてもおいしかったです。

鍋帽子は結構かさばるのですが、友の会の皆さんは、キッチンに鍋帽子置き場をちゃんと確保しています。

友の会には自分で作れるように型紙もありますが、最近は友の会の裁縫上手な人たちが手作りしたものを買えるようにもなりました。

鍋帽子に夢中になった黒崎アナは、あまりによく使うので冷蔵庫の上が指定席だとか。私も勇んで購入し、一つの鍋と同等の待遇を与えて吊り戸棚の一角に置き場所を捻出しました。いざという時は防災ずきんになりそうなのも心強いです。

「仮住まいでも、人生の一部」

第六章

危機に立ち向かう力

東日本大震災で炊き出しをする「友の会」

そのスッキリは、何のため？

この本を書いていて、特に「頭をスッキリさせる」というフレーズを、ずいぶんたくさん使ったような気がします。つまり、今まで一所懸命お伝えしようとしてきたことは結局、「頭をスッキリさせる」ためのことなのです。

頭がスッキリするということは、無駄なことにエネルギーを使わずにすむこと。だから本来やるべきことに集中出来るのです。

では、そのやるべきことって？

私が何のかんの言って友の会の方たちを尊敬してしまうのは、時間を有効に使うこと、家をスッキリさせること、頭をスッキリさせることそのものが目的ではなく、その先がある、ということを意識して暮らしているからです。

その先に見据えているのは何かというと、この日本の社会のために自分の時間と労力とお金を使うことなのです。

友の会のほとんどの会員が使っている、創立者の羽仁もと子さんの考案した家計簿には、「公共費」という費目があります。

「公共のために使うお金よ。どこかに寄付するのもそうだし、とりあえず会員は月に三〇〇円でもいい、出せない月があってもいいけど、友の会に納めるの。それを『われらの公共費』として社会のために使うわけ」

山﨑さんにそう聞いた時は、さすが優等生だなあ、と思って終わりでした。

その言葉の意味が腑に落ちたのは、東日本大震災の時でした。

三月一一日は金曜日でした。東京のNHKも揺れに揺れました。そして大混乱。月曜日のあさイチは休止するのか、いつまでか、放送するはずだったネタは？

結局、月曜からのあさイチは休止せず、震災を伝え、出来ること、必要なことの情報をあさイチのやり方で伝えようということになりました。

そして私は急遽、スーパー主婦たちの属する友の会の、震災における活動を取材することになりました。

取材して、驚きました。

全国各地で、主婦たちがフットワーク軽く動き出していたのです。

盛岡友の会では、すぐに動ける三人が車に食料を詰め、三時間かけて釜石を訪れ、学校の体育館で炊き出しをしながら何が必要かを聞き取っていました。

池袋に拠点を置く、会員たちの代表が集まる全国友の会の中央部が、震災の四日後にはその「われらの公共費」から当座の支援活動資金として一四〇〇万円を盛岡・福島・仙台・郡山の友の会に振り込んでいたのです。

同時に、被災地以外の全国各地の友の会では自主的に支援物資の準備が始まりました。衣類や毛布、消耗品などが各地の友の会の拠点に集まり、中央部に「これだけの用意がある」と伝え、必要な地域の友の会に送るようにとの指示を待っています。

お裁縫の得意な人たちが皆に指導しながら、座布団やエプロン、のれんやパジャマなど、仮設住宅に必要なものまでも作り始めていました。

主婦ならではの地元力も発揮されます。新潟の三条友の会では、調理器具の産地、燕三条の業者に安く鍋やおたまを譲ってもらいます。名古屋友の会は瀬戸の食器を、今治友の会はタオルを。普段からの付き合いがあるので、地元の企業も協力を惜しみません。

阪神大震災で四〇日間違うメニューの炊き出しを成し遂げた神戸友の会のメンバーは、その技を伝えに盛岡入りしました。

震災から三週間後の、岩手県大槌町での炊き出しに同行取材しましたが、我々取材クルーが、ヘルメットだ寝袋だ、防塵マスクだと持たされ重装備で臨んでいるのに対し、主婦たちは割烹着で乗り込んできびきび動き回っているのです（ちなみに彼女たちの割烹着は、小花模様などのカラフルな生地で作られたスモックエプロンというもので、動きやすく寒さにも耐えられる、友の会のいわば勝負服です）。

そして主婦たちは、冷めないように片栗粉でとろみをつけた豚汁を大鍋で作って、まるで家族に給仕するように、自然に被災者にふるまっていました。

主婦力ってすごいです。

そして、それを支えるのが、普段からひとりひとりが出していた「公共費」だったのでした。考えてみれば、全国二万人の会員が、月に一人三〇〇円出したとして、ひと月で六〇〇万円、一年で七二〇〇万円です。これを何十年も続けてきて、いざこのような災害が起こると惜しみなく使う。阪神大震災の時の会計報告を見ると、創立者を同じくする婦人之友社と学校法人の自由学園と合わせて、支援のために一億円を使っています。

こうした友の会の支援活動は、昭和九年に函館大火が起こった際、羽仁もと子さんの呼びかけで読者の主婦たちが支援物資を届けた時から受け継がれていて、日本で飢饉や洪水、噴火、台風、地震などの被害があるたびに行われてきたのでした。

昭和三四年、伊勢湾台風で名古屋の多くの家屋が浸水した時に、友の会のメンバーがスカートをブルマーのようにたくし上げて、水をかき分け食べ物を届けている姿が資料に残っています。

現地を訪ね、何が必要かを主婦同士の会話で聞き出し、布団がぬれて使えないとわかると、各地の友の会は布団千枚手作り運動を展開し、全国から被災地に送ったのでした。

こうした歴史を知って、腑に落ちました。スーパー主婦たちが普段から、無駄にお金を使わない、家事の効率をよくする、家を整理して余計なモノは持たない、といった努力をするのは、それによって得た時間や労力やお金を、助けが必要な人たち（考えてみたら非常時だけではなかった）に使うためだったということです。

それまで、友の会の人の言うことにどこか道徳の教科書みたいなにおいを感じて、自分とは違う人種なのかと思ったりもしましたが、震災における取材で納得できました。

私はかつて、家をスッキリさせるのも、無駄なお金や時間を使わないのも、自分の幸せのため、と思っていました。

でも、私だって日本人、こんな震災の時には少しでも被災者のための力になりたいし、日本をよくしていきたいとも思います。だから、もし自分の日々の暮らしをスッキリさせ充実させることがそれに繋がるのならば、今まで挫折していた家の整理も、やらなくてはという気になってきます。

スーパー主婦たちは折に触れ、社会をよくする基本の単位は家庭だと言います。自分の足もとがしっかりすれば、家もスッキリして、自分が幸せになって、家族の気持ちにも余裕が出来て、それで初めて社会もよくなるという考えです。

自分の日常をきちんと生きていくこと、そのこと自体が日本の底力につながるのでは。友の会の被災地支援活動を間近で見て、そう思いました。

暮らしから、立て直す

震災後一年、友の会は変わりなく被災者支援を続けていました。ただ、ニーズが変化するのに合わせ、支援の内容も、やり方も変わっていきます。

全国各地の友の会の会員たちが「こういうのがあると便利でしょう」と手作りした、パッチワークのひざかけや手作りの踏み台、エプロンなどは、一〇〇円、二〇〇円という値段で販売する、という形をとりました。

「被災者からお金を取るのか」という声が出ないかと心配になっておそるおそる聞くと、盛岡友の会の長谷川千晶さんが言いました。「最初の頃は当然すべてタダで差し上げていたの。だから皆さん三つも四つも持って行かれました。でも値段をつけたら、みんな一生懸命選ばれるんですよ。ぴったりのサイズ、自分が好きな模様、どこで使えるかにこだわるんですね」

結局、すべて売れました。必要なものを、自分で選んで大切に使うという行為は、暮らしを足もとから立て直すために必要な一歩になるのかと、見ていて思いました。

そして、仮設住宅の整理収納。「大きなお世話じゃないだろうか」と葛藤を抱えながらの被災地入りでした。

収納の達人としてスーパー主婦の番組ではおなじみとなっていた山﨑さんは、震災三週間後に炊き出しの手伝いで一度被災地を訪れています。その時に釜石市の破壊された街を歩き、言葉を無くしていました。

それまで「使うものだけを持ちましょう」「ものの置き場を決めましょう」と声高に訴えてきたことは、平和な日常あってのことだったと思い知らされたといいます。

一年たって仮設住宅に向かう車中で、自らを奮い立たせていました。偉そうに「片付けなさい」なんて言えない、それでも、仮の暮らしだからと思わずに今の暮らしをせいいっぱい大切にすることがこの先に繋がるはずだという思いは伝えたいと。

福島県新地町の仮設住宅で出会った主婦の佐伯陽子さんは、夫と小学生の息子、幼稚園の娘の四人家族。

幼稚園のお迎えの最中に津波が来て、新築して一年半だったわが家が「流れていくのを見たと近所の人が教えてくれた」といいます。佐伯さんがこだわってつけたれんがの煙突でわかったのでした。

今住んでいる仮設住宅は、玄関と一緒になっている四畳ほどのキッチンに洗濯機もあり、他にはふすまで仕切られた四畳半二つと六畳という手狭な家です。

収納が少ないので必要なものが入りきらず、食器はとなりの子ども部屋に追いやられ、食事の支度のたびに取りに行くことに。一方でシンク下収納は使いこなせず、掃除用の洗剤しか入っていないような状態でした。

そんな中で、津波で亡くなったおばあちゃんの写真と、インテリア雑誌のリビングの切り抜きを流しの前に貼って、自分を奮い立たせて暮らしていました。

山﨑さんは、シンク下や戸棚をきちんと仕切って収納量を増やし、食器をキッチンの収納に移せるようにしました。よく使うものを取り出しやすく、が実現しました。

もう一人お訪ねした吉村恵子さんは七二歳。夫と厳島神社に旅行に行っている間に、地震と津波が自宅を襲いました。交通機関も麻痺しているなか、なんとかたどり着いた、わが家の場所には土台しかなく、蔵も自宅も根こそぎ流されてしまっていました。

仮設住宅で女性の自治会長も務める明るく元気な性分で「仮住まいですから狭くても平気です」と招き入れてくれましたが、もらった支援物資を整理する気持ちにはなれず、押し入れに詰め込んでいたそうです。

山崎さんは出しっぱなしだった布団の指定席を押し入れに作り、支援物資の数々も一目で数と種類がわかるように整理しました。

その一〇日後、私たちが再訪したら、二人とも、もっと暮らしやすくしようと自分なりにさらに工夫して、家が進化していました。

佐伯さんは「今まではぽんぽん突っ込んでいたけれど、きれいにしたいと思うようになりました。夢のマイホーム、一年半しか住んでなくて残念だったけど、大きい家が人を幸せにするのではないと思って。仮住まいでも人生の一部だし、これはこれで私たちの生活だから、楽しもうと思います。外見はプレハブだけど」と笑います。

吉村さんも、仮設住宅の収納術の舞台になるなんて当初は面倒で、自治会長だから仕方なく引き受けたけれども、やってみたら生きる力が湧いてきたといいます。

「夫が自分で布団をしまうようになりました。私も前向きになって火が付いちゃって。夫が棚を作ってくれると言うので二人でホームセンターに行って、ここもあそこも、棚を作って整理しました。

実は、ずっと趣味でしていた川柳が、流されてからは作れなくなっていたんですけど。ようやく詠む気になりました。へたくそなんですけどね」

披露してほしいと頼むと、照れながら詠んでくれました。

「仮設でも　夫《きみ》がいるから　癒される」

番組では、時間の都合上この一句だけに絞りましたが、他の二つも私は好きでした。

「数知れぬ　ボランティアさん　ありがとう」

「大津波　きれいさっぱり　住み処《か》無し」

今の足もとの生活をしっかりさせることって、本当に生きる力になるんだな。カメラマンの後ろで、ひそかにじーんとしていました。

おわりに

友の会の創立時の写真を見ると、「横濱」「大連」といった各友の会の名前が見受けられます。そんな時代から八〇年、延べ二〇万を超える普通の主婦たちが探求し、実践し、試行錯誤しながら積み重ねてきた生活が、スーパー主婦を生みました。

整理収納や時間管理術、暮らしのワザは、どんどん新しいものが提唱されます。ここでご紹介した重曹やクエン酸だって、つっぱり棒や収納術だって、目新しくはありません。

でも、スーパー主婦たちが伝えたかったことは、ワザそのものではなくて、その背後にある、生きて生活していく意味であり、時代や社会が変わっても自分自身で進む方向を判断し選び取っていけるための力だったと、今になって思います。

その力を身につけるにはどうするのか。

友の会の皆さんが日々やっている、ものの持ち数を数えたり、時間調べや買い物調べをしたり、掃除の予定表を作ったり、家計簿をつけたり、これら私たちが面倒だと避けがちな作業はすべて、現実をありのままに受け止めるという手段です。

自分の状況を数字や記録で知り、そこから丁寧に暮らし始めることで、どんな危機にもつぶされない力がもてるのです。

阪神大震災で家がぺちゃんこにつぶれ、そこから二重ローンを組んで新しく家を建て、節約を重ねて今は完済した友の会の方がいます。

彼女はその節約生活を楽しかったと言っていました。降りかかった災難を受け止めて、そこからできることをやる。その強さは、家計簿を見つめ、失ったものと残ったものを把握し、手持ちの時間を洗い出してと、自分の生活に向きあったからこそ生まれたといいます。

「そうやって自分で決めた事って、つらくないんですよ」とおっしゃるのです。

私は逆に、「現実を知ったらつらくなるから、見ないふりしたい。なんとなくやっていければそれでいいじゃない」とごまかしてきたなあと、スーパー主婦たちと接しているうちに気づきました。

これからは、劇的に人生が変わる、ということはないとしても、徐々にでも変わっていくことはできそうです。

とはいえ、こんなことを書いている私の目の前には今、ホコリの固まりが三玉くらいふわりと舞っているというていたらく。あさイチモップも、ひと休みと言いながら半年くらいサボってしまっているし、どんな顔して人に勧めているんだと我ながら思いますが、それでも気持ちは以前とは違います。

どうすれば浮上するのかを知っているからです。

まず、家の出口を開ける、つまりゴミ箱のゴミをまとめて外に出します。そうすると、詰まって滞っていた次に捨てるべきものが湧いてきて目にとまるので、それも捨てる。こうしてだんだんと家の代謝が進みます。

そうしたら今度は、山﨑さんに教わった「掃除は上から」を実践。上の方のホコリを落とし、家具などについた汚れは掃除用の手袋で拭く。最後に床に掃除機をかける。

これが、最小限の労力ですむ、途中で嫌にならない復元の手順です。

気が付くと最近、いわゆる整理収納本を買わなくなっていました。今の自分と向き合うことで、自分なりの指標が固まってきたからだとしたらうれしいのですけど。

そうして、やがて本当に人生が変わっていったら、素晴らしいなと思います。

夢もロマンもない、現実の最たるものである、生活。

でも、その生活の中から幸せへの道を導き出す、地に足の着いた主婦たちのパワーはあなどれません。これこそ日本の底力なのではと思います。


番組のスーパー主婦シリーズを通して、スゴ技を惜しみなく披露してくださり、今回、本にまとめさせていただくことにもご理解いただき、ご協力くださった友の会のみなさんに、あらためて感謝いたします。

そして、出演者の皆さん……シリーズをキラ目で盛り上げてくれたいのっち、汚れ役を地でやってくれた有働由美子アナ、奥様を恐れながらもワザを持ち帰って実践してくれた柳澤秀夫解説委員、しばしばリポーターという役目を忘れて大興奮していた内藤裕子アナ、VTRのワザに目を丸くして興味を示してくれたゲストの皆さん、楽しんでダメぶりを見せてくれたお困り主婦の皆さんもありがとうございました。

さらにはスタイリッシュな見かけによらず中身がおばさんで、ワザのクオリティに厳しかった井上勝弘統括CP、番組を見た奥様のリアクションを観察して鋭くも温かいアドバイスをくれた佐藤高彰部長をはじめ、相談にのってくれたCPやデスク、同僚のディレクターや女性スタッフたち、現場でプロのワザを駆使してクオリティを上げてくれたカメラマンに音声さん、照明さん、編集さん、美術さん、フロアディレクター、ＴＤさんに効果さんにタイムキーパーさん……うわー、なんてたくさんの人たちに支えられていたのでしょうか。

最後に、ついにここまでたどり着けたのは、クールなふりして熱い信念で突き進む新潮社の笠井麻衣さんのパワーと励ましのおかげです。ありがとうございました。

初めて謝辞を書いたので、なんだか送別会で送られる人のようになってしまいましたが、今はお休みしているあさイチのスーパー主婦シリーズが再開できるまでは、この仕事に踏みとどまっていたいですね。

二〇一二年一一月末日

「あさイチ」ディレクター　伊豫部紀子

参考文献

・『羽仁もと子著作集（全21巻）』羽仁もと子著／婦人之友社
・『魔法の鍋帽子』婦人之友社編集部編／婦人之友社
・『ストレスに負けない生活——心・身体・脳のセルフケア』熊野宏昭著／ちくま新書
・『無駄学』西成活裕著／新潮選書

この作品は、書き下ろしです。

〈著者略歴〉
伊豫部紀子（いよべ・のりこ）
埼玉県生まれ。立教大学文学部卒業後、ナレーターを目指すが成り行きで番組制作会社に入社。ドキュメンタリーや科学番組・情報番組・報道番組を手がけ、1996年よりフリーディレクターに。2000年よりNHKの制作局にて「生活ほっとモーニング」の生活情報紹介や著名人のインタビューに取り組んだ。番組が「あさイチ」に変わるのに伴い「スーパー主婦直伝」を企画して立ち上げ、人気シリーズとなる。

NHK「あさイチ」スーパー主婦《しゅふ》の直伝《じきでん》スゴ技《わざ》！

著　者　伊豫部紀子《いよべのりこ》

発　行　2012年12月15日
2　刷　2013年1月10日
発行者　佐藤隆信
発行所　株式会社新潮社　〒162-8711
東京都新宿区矢来町71
電話：編集部（03）3266-5611
読者係（03）3266-5111
http://www.shinchosha.co.jp
印刷所　錦明印刷株式会社
製本所　株式会社大進堂

ISBN978-4-10-333271-8　C0095
価格はカバーに表示してあります。